SILVANA PEREIRA

O Segredo para ser uma mulher vencedora

Pereira, Silvana
P436 O segredo para ser uma mulher vencedora / Silvana Pereira.
Belo Horizonte: Editora Atos, 2008.

112 p.
ISBN 978-85-7607-087-0

1. Sucesso 2. Cristianismo
3. Auto-realização I. Título.

CDU: 159.9 CDD: 158.1

Índices para catálogo sistemático:
1. Cristianismo: sucesso 158.1

Preparação de texto
VdA Letras & Textos

Revisão
Walkyria Freitas

Capa
Rodrigo Robson

Primeira edição
Novembro de 2008

Caixa Postal 402
30161-970 Belo Horizonte MG
www.editoraatos.com.br

Sumário

Introdução 7

1 A confiança é uma chave 11
2 Em que está fundamentada sua crença? 23
3 Autoconfiança 45
4 Relacionamentos 59
5 O lugar do dinheiro 81
6 Não se preocupe, coloque Deus no controle 87
7 Como você se comporta na crise? 95
8 Intimidade com o Pai 99

Conclusão 109

Introdução

Aquele dia não seria fácil. Por um lado, eu estava frustrada por causa de tantas decepções que estava enfrentando. Aquilo me desanimava, era um fardo bastante pesado sobre mim. Por outro lado, exatamente naquele dia eu tinha de dar uma palestra para um grupo de pessoas. "Como vou conseguir falar?" Queria transmitir-lhes algo genuíno, que fosse real para mim, a fim de que se tornasse real para elas também.

Então, clamei pela orientação de Deus, perguntando-lhe sobre o que eu deveria falar. E Ele respondeu. E como! Recebi de Deus uma grande "chacoalhada" com um trecho de 2Reis 18. Esse capítulo da Bíblia registra um terrível momento da história do reino de Judá: a capital, Jerusalém, estava cercada pelos exércitos assírios sob o comando de Rabsaqué, enviado de seu rei, Senaqueribe. Ezequias, rei de Judá, estava angustiado, desesperado, sem saber o que fazer. Ele já havia pago tributos a Senaqueribe, usando os tesouros da casa de Deus! O rei assírio, insatisfeito com isso, enviou Rabsaqué, ameaçando destruir a cidade. No meio dessa cena de opressão e de medo, Rabsaqué perguntou a Ezequias: "Em que você baseia sua confiança?" (v. 19).

Assim tudo começou. Essa pergunta me sacudiu. Fiquei intrigada com aquele texto que, volta e meia, depois daquele dia específico, voltava-me à lembrança. Deus me desafiava. Era como se me fizesse aquela pergunta e exigisse uma resposta. A pergunta me fez rever minhas crenças e me levou a estudar sobre confiança. Como resultado, descobri que a confiança é uma das atitudes que mais agradam a Deus e que Ele mais deseja encontrar em seus filhos. Toda a Bíblia sublinha a confiança como sendo o segredo do acesso ao trono.

"Em que você baseia sua confiança?"

É fundamental termos uma resposta adequada a essa pergunta. Principalmente nós, mulheres cristãs, precisamos ter um firme e equilibrado fundamento sobre o qual depositar nossa confiança. Há um tripé importante sobre o qual devemos baseá-la. Sem dúvida, o elemento principal é Deus. Em primeiro lugar e acima de tudo, precisamos confiar nele. Os outros dois são a autoconfiança e a confiança nas outras pessoas. Esses três elementos precisam estar equilibradamente presentes. Vamos detalhar, ao longo desse livro, cada um deles.

Dos três elementos, a autoconfiança é, sem dúvida, o mais problemático, pois não a temos de modo plenamente saudável, não nascemos com ela desenvolvida de forma adequada. Devemos, sim, adquiri-la durante a infância, em algum lugar.

Os fornecedores fundamentais da autoconfiança são os nossos pais. Mas muitas vezes eles falham, de forma não-intencional, por omissão ou rejeição, freqüentemente em decorrência de circunstâncias sobre as quais têm pouco ou nenhum controle. Quase sempre eles repetem suas histórias pessoais, dando o que receberam, perpetuando suas carências, repetindo o ciclo de um grande vazio. Em muitos casos, os pais deixam de prover os pilares necessários às crianças porque também não foram supridos de modo adequado.

Infelizmente, somente depois de chegar à idade adulta é que compreendemos isso de modo pleno e claro. Foi esse o processo pelo qual passei quando, já adulta, comecei a enfrentar problemas diversos, todos vindos da mesma raiz: o que eu havia recebido na infância.

Por vezes ignoramos que para desenvolver a autoconfiança – que está totalmente relacionada com uma auto-estima sadia –, precisamos encarar a existência de mágoas, de dores causadas por perdas ou por inadequações de nossos pais ou de outras pessoas envolvidas no processo de nossa vida; temos de reconhecer que isso pode ter acontecido por falhas deles ou por excessos em seu papel de pais; temos de assumir a necessidade de perdoar, quando for preciso. E tudo isso é requisito imprescindível para o processo de cura e de crescimento, ainda que muitas vezes precisemos de ajuda externa.

Nesse livro apresento, em linguagem simples, orientação para que a mulher resgate de forma equilibrada a confiança em Deus, em si mesma e nas outras pessoas no aspecto espiritual, nas emoções, na mente e nos relacionamentos, a fim de se tornar uma pessoa completa segundo o coração de Deus. Acredito que essa seja a base sobre a qual precisamos crescer e fundamentar nosso relacionamento com Ele, construindo, assim, nossa vida, carreira e ministério.

Capítulo 1

A confiança é uma chave

"A incredulidade coloca suas circunstâncias entre você e Deus. A confiança coloca Deus entre você e suas circunstâncias."

– F. B. Meyer

"Sem confiança no futuro, não existe poder no presente."

– Autor desconhecido

"O começo da ansiedade é o final da fé, e o começo da fé é o final da ansiedade."

– George Müeller

Havia um alpinista que sempre buscava superar mais e mais desafios. E era sempre vitorioso! Encorajado por seus sucessos ele resolveu, depois de bastante preparação, escalar o Aconcágua sozinho, sem nenhum companheiro, ao contrário do que seria natural no caso de uma escalada desse porte.

No dia escolhido para a grande aventura, o homem começou muito cedo a subir. Tudo lhe era favorável, e a subida acontecia em tempo recorde. A tarde foi-se aproximando, e o alpinista, entusiasmado com o que havia conseguido até ali, decidiu não acampar, mas prosseguir a escalada, decidido a atingir o topo. No entanto, o tempo mudou de um momento para o outro e a noite caiu rapidamente, como um breu, nas alturas da montanha. A lua e as estrelas estavam encobertas pelas nuvens, era impossível enxergar qualquer coisa ao redor. Não se via absolutamente nada. Tudo era escuridão.

Tateando nas trevas, ele subia por uma parede, à procura de um abrigo, quando escorregou... e caiu no vazio!

Sentindo como se estivesse sendo engolido por uma imensa boca negra sem fim, ele caía em velocidade vertiginosa. No incalculável tempo da queda, que lhe parecia serem horas, cheio de angústia, passaram por sua mente todos os momentos felizes e tristes da vida, a vida que terminava de modo tão terrível.

De repente, ele sentiu um puxão forte que quase o partiu ao meio.

Como todo alpinista experimentado, ele havia cravado estacas de segurança nos quais pusera grampos e os ligara a uma corda comprida que fixou em sua cintura.

Momentos de silêncio, interrompidos pelo vento frio que o castigava. Suspenso no ar, na completa escuridão, nada lhe restava fazer além de gritar:

– Ó Deus, ajude-me!

O vento parou de soprar quando, do céu, uma voz grave e profunda se fez ouvir:

– O que você quer de mim, meu filho?

– Salve-me, Deus, por favor!

– Você realmente acredita que eu possa salvá-lo?

– Eu tenho certeza disso, meu Deus!

– Sendo assim, então, corte a corda que o mantém pendurado.

O silêncio voltou a reinar. O homem refletia sem nada dizer. Aquela ordem não poderia vir de Deus. Não fazia sentido. Com certeza, era sua imaginação. Deus não lhe diria aquilo. Então, agarrou-se mais firmemente à corda, esforçando-se para subir por ela...

A equipe de resgate, que chegou ao local no outro dia, ficou surpresa ao encontrar o alpinista congelado, morto, desesperadamente agarrado com as duas mãos à corda, a tão-somente menos de dois metros do chão.

E você, minha amiga? Está segurando firmemente alguma corda? Qual é ela? Não tem coragem de aceitar a orientação de Deus e soltá-la, confiando nele?

Declarar nossa confiança em Deus agrada seu coração. É também imprescindível no relacionamento com Ele. Mas ninguém nasce confiante – aprendemos a ser ao longo da vida. Confiança é aprendida, nutrida e desenvolvida. Nós a devemos a nós mesmas, como resultado de nossas respostas às experiências na vida, a nossa família e a nossos mentores.

O quanto você confia em Deus, nos outros e em si mesma está relacionado com experiências e lembranças, principalmente do passado, mas também do presente. Os adultos têm grande influência na formação das crianças – não somente os pais, mas a família de forma geral, e principalmente os educadores. E o relacionamento com essas pessoas vai determinar o tipo de confiança que as crianças têm. Elas olham para os adultos como referência. Os ensinamentos deles – por palavras, mas principalmente por atitudes – serão como tijolos importantes na construção e formação do caráter e da vida dos pequenos.

Confiança, segundo o dicionário, significa "segurança íntima de procedimento; crédito, fé". Confiar é, portanto, ter fé, esperar, ter esperança (em algo ou alguém); é poder descansar, relaxar, entregar-se, acreditar, fiar-se em alguém ou em alguma coisa sabendo que ele é capaz. E é claro que precisamos desse sentimento para viver, para nos relacionarmos com Deus, com nós mesmos e com as demais pessoas.

A confiança é determinada por você estar equilibrada em sua percepção dos fatos da vida e por estar preparada para eles. Você não os exagera nem minimiza, mas dá a atenção necessária, na medida, à situação que está enfrentando. Coisas negativas podem acontecer? Sim! E, se acontecerem, você não se desespera nem nega que estejam acontecendo, mas as enfrenta, com graça e ousadia.

Minha história

Nasci num lar simples, mas muito tumultuado. Minhas lembranças mais antigas, mas muito vívidas, são de discórdia, de clima tenso e delicado. Eu não sabia ao certo o que fazer para acalmar os ânimos de todos. Optei por ser pacificadora, mas não deu muito resultado, como nenhum dos outros artifícios que tentei para ter um lar mais agradável.

Foi nesse ambiente de muita rigidez, de pais bastante severos, com um constante clima de estresse, que vivi até os 17 anos, quando me casei. Com isso, trouxe comigo muitas marcas da infância e da adolescência. A mente forma crenças e valores até por volta dos 18 anos; no meu caso, até essa idade fui fortemente influenciada por sentimentos devastadores, como medo, raiva, culpa, insegurança, inferioridade. Não exagero ao chamá-los de devastadores, pois os efeitos em minha vida adulta foram terríveis.

Aos 13 anos aceitei Jesus. Essa experiência mudou radicalmente o rumo da minha existência. Aceitá-lo foi encontrar a vida.

Eu não sabia definir muito bem o que havia acontecido, mas era evidente que em meu espírito tudo havia mudado. No entanto, no que diz respeito à alma – que é composta de mente, emoções e vontade –, a salvação é lenta e gradual, sua transformação é processual. Por causa de minhas experiências pessoais, trouxe para a vida cristã toda a bagagem da infância e da adolescência. Hoje, percebo que, mesmo sendo cristã, alguns sentimentos que alimentei naquela época me impediram de vivenciar a vida abundante que Deus tem para seu povo. Eu sabia como conceito, como teoria, o que deveria ter por conhecer Jesus, mas simplesmente não conseguia desfrutar ou experimentar a vida que nos foi prometida em João 10.10.

Entre as grandes barreiras que enfrentei para ser a mulher vencedora com que eu sonhava, o medo foi uma das mais difíceis de vencer. Dele nascem a insegurança, a desconfiança, a dúvida, a preocupação e a ansiedade. Todos esses sentimentos retratam a vulnerabilidade do ser humano, sua insuficiência. Vencê-los requer aprendizado, determinação e muito trabalho para mudar conceitos e maus hábitos. E é preciso vencê-los, pois eles roubam a paz e a alegria, presenteando-nos unicamente com uma vida miserável, pois provocam uma tortura mental contínua, destruindo nosso potencial de desfrutar do que é prazeroso na vida. Falo isso com muita propriedade, pois foi o que vivi.

Hoje, ainda em processo de transformação e de libertação desses sentimentos negativos, entendo que ter coragem não é ter ausência do medo, mas é enfrentá-lo – o que nem sempre é fácil. Nada se resolve apenas por termos consciência de sua existência ou da necessidade de derrotá-lo; é necessário envolver-se em um aprendizado constante, com desafios e conquistas diários, até que se torne um hábito vencer esses sentimentos.

Após ter um encontro pessoal com Jesus, fui cercada por um ambiente de muitos milagres. Presenciei vários deles, e, por isso, pensava confiar em Deus. Eu estava enganada. E só percebi isso no momento em que a confiança que eu tinha foi testada e provada de várias formas. Eu queria ficar ali, onde eu me sentia segura, mas Jesus me disse: "Vamos para o outro lado!" (Marcos 4.35). Esse convite (ou ordem, não sei dizer ao certo) foi o mesmo que Ele fez aos discípulos, e é tão real e desafiador quanto o foi naquela época. E eu o aceitei.

Hoje entendo que milagres não me fazem confiar em Deus, mas intimidade com Ele, sim. Confiar nele é o resultado espontâneo de conhecê-lo, de ter intimidade com Ele. Eu andava com Deus, mas vi que meu andar era insuficiente no momento em que fui desafiada à mudança e me vi no meio da tempestade, enfrentando dificuldades que eu desconhecia até aquele momento, apavorada mesmo sabendo que Ele estava comigo no barco. Eu fiquei desesperada, exatamente como os apóstolos ficaram.

Foi então que parei para pensar, e só pude concluir que algo estava errado. Não com Deus, é claro, mas com meu relacionamento com Ele. Percebi que era necessário passar pelo processo de aprendizado – eu precisava aprender a confiar em Deus. O processo é bastante dolorido, pois mexe com muitas coisas interiormente. Seu objetivo é levar-me a uma união profunda com Deus. Embora Ele esteja inteiramente comprometido e interessado em que isso aconteça, no meio do aprendizado vi que, muitas vezes, eu não estou. Mas reconheço que valeu a pena tudo o que passei, e o que ainda vou passar para aprender. Hoje sou uma mulher mais madura e equilibrada. *Vale a pena confiar em Deus!*

Vivendo e aprendendo

Uma faceta importante do caráter das pessoas é se elas inspiram confiança ou não, pois é com base em confiança que os relacionamentos em geral são construídos: amizades, casamentos, carreiras profissionais, e mesmo uma vida cristã de qualidade. Se não há confiança nas pessoas com quem convivemos, nossa vida se torna difícil, pouco mais do que mera sobrevivência. Quando confia, você se abre para aprender e conhecer o desconhecido sobre você mesma, sobre a vida, sobre Deus, sobre o outro.

Precisamos confiar, mas também ser pessoas confiantes. Uma pessoa confiante não se foca em suas fraquezas, apesar de conhecêlas, mas desenvolve seu potencial, porque acredita nele. Ela tem uma atitude boa em relação à vida: reconhece seus inúmeros desafios, mas está disposta a enfrentá-los. Foi esse o caso de Davi. Ele e seus irmãos viram o gigante Golias. Seus irmãos pensaram: "Ele é muito grande e invencível!", enquanto Davi, com uma atitude positiva, olhou para o mesmo gigante e pensou: "Ele é muito grande; não tenho como errar uma boa pedrada nele". Atitude é tudo na vida. Portanto, ou você aprende a ter uma boa atitude e a desenvolve propositalmente ou viverá de forma medíocre.

Nasci em Minas Gerais, terra de onde vem o ditado: "Mineiro, povo desconfiado, que trabalha quieto". Quando eu tinha cerca de 15 anos, aprendi que eu deveria "confiar sempre desconfiando". E como isso me marcou, determinando meu modo de ver a vida e de me relacionar com as pessoas! Eu tinha muito medo de tudo, por desconfiar de mim, de minha capacidade, dos outros, de suas intenções... Graças a Deus, casei-me com um homem muito ousado e corajoso. Já o vi várias vezes com muito medo de prosseguir, mas, mesmo assim, seguindo em frente. Deus o usou, com essa personalidade, para ensinar muito sobre como encarar a vida, sobre a necessidade de ousar, de agir de modo confiante. Isso me trouxe muita libertação.

A confiança lhe permite encarar a vida com ousadia, aberta para crescer, experimentar e fazer o que nunca fez antes. Ela traz maturidade nos relacionamentos, pois você só confia em quem conhece. Não é por acaso que a Bíblia usa o termo "conhecer" para se referir à intimidade entre um homem e uma mulher (veja Gênesis 4). Isso indica que só nos entregamos confiadamente a quem conhecemos de fato.

Confiança está relacionada com honestidade, consigo mesma e com os outros. Se for verdadeira consigo, você se tornará uma pessoa que inspira confiança.

Quando andamos confiadamente com Deus, temos certeza do que queremos e para onde estamos indo. Deus disse a Abraão: "Saia da sua terra, do meio dos seus parentes e da casa de seu pai, e vá para a terra que lhe mostrarei" (Gênesis 12.1). E ele obedeceu. Ele apenas confiou e partiu. Deus o mandou sair porque seus parentes estavam formando sua maneira de pensar, suas crenças. Longe deles Abraão teria a oportunidade de conhecer a Deus. Mas imagine o que significava sair de sua terra, do ambiente conhecido e confortável, e ir rumo ao desconhecido, para um lugar ainda a ser mostrado, guiando-se unicamente pela fé. Isso indica segurança na Palavra de Deus e dependência dela, além de uma atitude de desprendimento.

Confiança também fala de arriscar, de dar um passo à frente, de ser você mesma sem medo do que os outros pensem, de não ter medo de perder, de experimentar sabores novos, novos cheiros, novos lugares, de ir onde nunca foi antes. Confiança está relacionada com você ser positiva com relação ao que quer fazer e não se preocupar com o que não pode. É estar aberta a aprender. Como diz o ditado, "a mente é como o pára-quedas: funciona melhor aberta".

Mas nesse processo, tenha o cuidado de não querer avançar mais rápido do que é capaz. Cada pessoa tem seu próprio ritmo. Descubra o seu e avance resolutamente. Não deixe passar um dia sequer sem avançar em direção à maturidade, à vida vencedora. Hoje estou melhor do que antes, mas ainda não estou satisfeita, pois tenho um alvo mais à frente. Meus joelhos podem doer, as pernas ficarem bambas de cansaço, mas vale a pena a jornada. Não deixo o medo me controlar, mas eu o controlo, de modo que ele não me impede de continuar.

Coragem para vencer o medo

Não é possível falar sobre desconfiança sem lidar com a raiz do problema: o medo. Esse sentimento desagrada o coração do Pai, pois rouba o potencial que Ele colocou dentro de cada uma de nós, paralisando, inibindo e escravizando.

Em meu primeiro livro, *Coragem para Vencer o Medo*, trato da origem, das características e das conseqüências do medo. Por ser um assunto muito vasto e de grande importância, com certeza não consegui esgotá-lo. E observo que toda pessoa, por mais ousada que seja, enfrenta ou já enfrentou o medo de alguma forma. Todos inevitavelmente temos experiências para contar.

Há pessoas que bravamente vão adiante apesar do medo, como observo em meu marido. Mas, infelizmente, a grande maioria fica estagnada em alguma área da vida por causa dele.

Medo foi o primeiro sentimento que Adão e sua mulher tiveram depois da queda; por isso se esconderam. A culpa trouxe o medo e os demais sentimentos negativos. "Fiquei com medo... por isso me escondi" (Gênesis 3:10). O apóstolo João diz que ele atormenta (1João 4:18), e sabemos que pode levar as pessoas a cometerem loucuras. O medo é como uma oração ao contrário: em lugar de invocar Deus e seu auxílio, ele invoca as forças destruidoras. Ele acaba por se tornar um deus perverso, que exige sacrifícios intermináveis e dolorosos.

Conheci uma linda moça de 22 anos que vivenciou a traição em sua família durante a infância e adolescência. Seu pai tinha um histórico de adultério, e ela várias vezes o flagrou com outra mulher. Agora, casada, estava enfrentando sérios problemas com o esposo, um homem extremamente fiel, carinhoso, amoroso (e isso foi dito por ela mesma!). O problema é que o coração dela estava cheio de ciúmes e de desconfiança. Se ele chegasse mais tarde do trabalho, havia briga. Se fizesse uma ligação, ela queria saber para quem era. Sempre que ele chegava do trabalho, ela se sentia no direito de verificar cada papel nos bolsos, a carteira, o carro. A vida social estava cada vez mais difícil, pois ele não podia olhar para os lados sem que isso fosse motivo de brigas. Tinham apenas dois anos de casados, e a vida conjugal já era um verdadeiro inferno.

O que aconteceu nesse caso? A moça transferiu sua experiência ruim com o pai, figura de autoridade e padrão de proteção, para seu relacionamento com o esposo. O medo de que se repetisse o que viu na casa paterna tomou conta dela. Na intenção de proteger seu casamento, ela o estava destruindo. A insegurança vivida no passado, pelo medo da perda do pai, estava agora aniquilando seu relacionamento conjugal.

Encontrei uma senhora que, quando pequena, morava num sítio no interior de Goiás. A família passou muita dificuldade para criar os cinco filhos. Como era a filha mais velha, muitas vezes presenciou a partilha da pouca comida entre os irmãos. Por essa causa, ela guardou consigo o desejo de um dia poder ter uma vida diferente, comida com fartura, não sentir-se envergonhada na escola, não invejar os colegas que tinham iguarias deliciosas na hora do lanche e poder vestir-se e calçar sapatos como eles. Na adolescência, ela teve de abrir mão dos estudos – que era seu maior sonho – para ajudar a sustentar a família. Já adulta, empenhou-se e se esforçou muito: voltou a estudar, formou-se em arquitetura e casou-se muito bem. Essa senhora tem uma vida econômica extremamente próspera, mas é sempre torturada pelo medo da falta, da escassez, de não ter o suficiente. Ela reconhece que isso tem afetado o relacionamento com os filhos, com o esposo e com Deus.

Esses são exemplos de quão destruidor pode ser um medo abrigado, por levar a não confiar no suprimento, no cuidado de Deus.

Qual é a sua história? Quais são as lembranças que você mais guarda na memória? Não permita que a dor, o sofrimento e as frustrações do passado se transformem em medo presente; o medo faz com que aquelas duras experiências se tornem em fantasmas que, vez por outra, surgirão em algum momento da vida a fim paralisá-la e impedi-la de avançar rumo à realização de seu sonho, ao cumprimento de seu potencial. Substitua no coração o medo pela confiança em Deus. Vamos conversar mais sobre isso nos outros capítulos.

Capítulo 2

Em que está fundamentada sua crença?

"O sábio é cauteloso e evita o mal, mas o tolo é impetuoso e irresponsável."

– Provérbios 14:16

"Confie no SENHOR de todo o seu coração e não se apóie em seu próprio entendimento."

– Provérbios 3:5

"Há pessoas que não sabem viver sem depender dos outros. São como certos animais que só vivem bem quando têm dono."

– Célio Devenat

O reverendo Oscar Lehenbauer conta uma história real, acontecida com uma missionária americana que atuava em pleno coração africano, que tem um final emocionante e nos revela como Deus se preocupa conosco. Ela é narrada em primeira pessoa pela missionária:

Certa noite, eu estava fazendo todo o possível para ajudar uma mãe em trabalho de parto. Apesar do esforço, ela não resistiu e nos deixou com um bebê prematuro e uma filha de dois anos em prantos. Era muito complicado manter o bebê vivo sem uma incubadora – não tínhamos eletricidade para ativar um equipamento assim nem recursos adequados de alimentação. Mesmo morando na Linha do Equador, as noites eram frias, com aragens traiçoeiras. Uma das aprendizes de parteira foi buscar a caixa que reservávamos a tais bebês e os panos de algodão para envolvê-los; outra foi acender o fogo para aquecer uma chaleira com água, para a bolsa-d'água-quente. Sem demora, retornou desconsolada, pois a bolsa disponível havia rompido. Borracha estraga facilmente em clima tropical. "Era nossa última bolsa", disse-me.

Assim como no ocidente se diz que "não adianta chorar sobre o leite derramado", na África Central poderia ser que "não adianta chorar por bolsa-d'água-quente estragada". Elas não crescem em árvores, e não existem farmácias no meio das florestas...

– Muito bem! –, eu disse. – Coloque o bebê em segurança o mais próximo possível do fogo, e você e as outras moças durmam entre a porta e o bebê para protegê-lo das lufadas de vento frio. Precisamos manter o bebê aquecido!

Na manhã seguinte, fui orar com as órfãs que se dispuseram a se reunir comigo. Fiz uma série de sugestões a fim despertá-las a orar e também contei-lhes sobre o bebê. Expliquei nossa dificuldade em mantê-lo aquecido, em função da única bolsa-d'água-quente que havia estourado, e que, em conseqüência, o bebê poderia morrer de frio. Mencionei a irmãzinha de dois anos, que não parava de chorar, pela perda e ausência da mãe. Depois disso, fechamos os olhos e nos pusemos a orar. Durante as orações, Ruth, uma de nossas crianças africanas, pediu:

– Por favor, Deus, mande-nos uma bolsa-d'água-quente. Amanhã talvez seja tarde demais, porque o bebê pode não agüentar. Por isso, mande a bolsa ainda hoje, meu Pai!

Enquanto eu ainda procurava recuperar o ar diante de tamanha demonstração de fé e confiança, ela acrescentou:

– E já que está cuidando disso, Deus, por favor, mande junto uma boneca para a irmãzinha dela, para que ela saiba que o Senhor a ama de verdade.

Fiquei em apuros! Como eu poderia simplesmente dizer "amém"? Eu, honestamente, não podia acreditar que Deus atenderia àquele pedido, mesmo com o ensinamento claro da Bíblia de que a fé não tem limites.

O único modo de aquela oração ser atendida seria por encomenda enviada de minha terra natal, via correio. Eu estava na África há quatro anos, e jamais havia recebido uma encomenda postal em casa. De qualquer forma, se alguém enviasse algo, mandaria uma bolsa-d'água-quente? Afinal, eu morava na Linha do Equador!

À tarde, durante uma aula da escola de enfermagem, trouxeram-me um recado dizendo que um carro havia estacionado no portão de minha casa. Corri para lá! Quando cheguei, o veículo já havia partido, mas deixara um pacote de uns 10 kg na varanda.

Chorei. Não consegui abrir o pacote sozinha, e pedi que algumas crianças do orfanato me ajudassem. Tudo foi feito com muito cuidado, para que nada fosse danificado. Os corações batiam forte. Os olhos arregalados acompanhavam cada ação. Finalmente, a caixa foi aberta. Bem em cima havia uma camada de roupas coloridas e cintilantes. O silêncio tomava conta à medida que íamos tirando as novidades. Depois, encontramos as ataduras para leprosos, caixinhas de uvas-passas e farinha, que dariam um gostoso bolo no fim de semana.

Quando pus as mãos de novo na caixa, pasmem... uma bolsa-d'água-quente novinha em folha! Eu gritei de alegria e de surpresa! Eu não havia feito nenhuma encomenda desse tipo. Ruth, que estava perto, saltou e começou a gritar:

– Se Deus mandou a bolsa, Ele também mandou a boneca!

Enfiando as mãos na caixa, procurou pela boneca. E lá estava ela! Maravilhosamente vestida. Ruth nunca duvidara. Olhando para mim, perguntou:

– Posso ir com você levar a boneca para aquela menina, para que ela saiba que Jesus também a ama muito?

Esse pacote estivera a caminho por cinco meses. Havia sido uma iniciativa de minha ex-professora de escola bíblica, que atendeu à voz do Senhor de enviar uma bolsa-d'água-quente. Uma das meninas da turma decidiu mandar junto uma boneca... cinco meses antes, em resposta à oração de uma menina de dez anos que acreditou fielmente que Deus atenderia a seu pedido, ainda naquela tarde. "Eu darei a eles o que desejam, antes mesmo de me pedirem" (Isaías 65:24 – Bíblia Viva).

Uma oração pode ser feita em menos de um minuto, mas é capaz de mover a bondosa mão de Deus para suprir-nos em nossas necessidades. O direito de orarmos é um dos maiores presentes que Deus nos concedeu, não nos custa nada e tem imensas recompensas.

"A oração revela em quem confiamos, e o quanto dependemos."

Quando tiver medo, segure na mão de Deus

Confiança em Deus é a característica fundamental da mulher vencedora.

A Bíblia, o Manual do Criador, diz: "Confie no SENHOR de todo o seu coração e não se apóie em seu próprio entendimento; reconheça o SENHOR em todos os seus caminhos, e ele endireitará as suas veredas" (Pv 3:5-6). Em outras palavras, não pense que sua própria capacidade é suficiente para vencer problemas. Também não suponha que confiar em qualquer outra coisa em lugar de Deus lhe trará segurança e vitória. As opções hoje de coisas ou de pessoas em que confiar são inúmeras, até para quem se diz cristão; são imagens de todo tipo, fitas no pulso, correntes pela internet, campanhas, cartas, tarô, pedras... uma infinidade de diferentes propostas.

Você já considerou com seriedade em que tem depositado sua confiança? No que você tem fé? Talvez, por ser cristã, você de pronto dirá que não confia em nada do que listamos no parágrafo anterior. No entanto, há opções mais sutis, e muitas mulheres cristãs se descobrem envolvidas com elas. Há muitas pessoas que confiam no diploma, principalmente se têm mais de um; as que não têm confiam na esperteza, na astúcia e nas habilidades que possuem. Outras confiam na estabilidade financeira que alcançaram, no sobrenome que carregam ou – como eu por muito tempo confiei – na justiça própria. E ainda há as que confiam em boas obras, em pessoas, amigos, parentes ou no governo.

Por um lado, é correto confiarmos nessas coisas, incluindo em nós mesmas. Mas qual é o equilíbrio? Por exemplo, a falta de confiança em si mesma pode se tornar um problema, até mesmo uma doença, mas a autoconfiança excessiva, exagerada, também é problemática. Como, então, termos confiança equilibrada, fundamentada no que é real e digno? Vou contar-lhes um pouco de minha história, de como aprendi essa importante, e dura, lição.

Há algum tempo comecei a analisar minha vida. Percebi que havia vivido muito tempo numa caverna, com medo – não um *medinho* qualquer, mas medo de simplesmente tudo. Entendi, então, que o medo pode ser um vírus contagioso e mortal! Hoje considero-me um milagre vivo, por ter saído de onde estava rumo ao crescimento.

Nessa consideração sobre minha vida, concluí que somente *vencemos* o que temos disposição para *confrontar*, e foi o que tive de fazer. A firme decisão que tomei de enfrentar meus medos não significa que tudo tenha se resolvido instantaneamente. Na verdade, a cada dia aparece algo novo, desconhecido e desafiador, mas estou disposta a ir até o final da jornada, com firmeza e coragem.

A Bíblia cita inúmeras vezes: "Não temas". Eu pensava que isso era uma ordem para não sentir as reações ao medo. Não é isso que a Palavra de Deus ensina, e a experiência prova que é impossível! Todos vamos sentir – diferente disso é dar vazão a esse sentimento. O medo faz tremerem as pernas, as mãos suarem, deixa a boca seca, dá borboletas no estômago, frio na espinha, dor de barriga e muitas outras reações. E isso tudo é muito normal! Deus não disse para você não sentir essas coisas – "não temas" significa que você não deve se deixar *dominar* por elas.

Mesmo com essas reações, não desista, prossiga em sua jornada, fale o que precisa falar, mude o que precisa mudar, dê o próximo passo! O medo é um sentimento, e você não pode dar espaço, permitindo que ele lhe controle. O mesmo é verdade em relação a outros sentimentos, como raiva e tristeza, dois dos que mais atacam as mulheres. No momento em que você cede a eles, torna-se sua escrava. Quando essas reações vierem, saiba que são absolutamente normais; toda pessoa está sujeita a sentir isso. Mas diga para você: "Eu vou agir assim mesmo; independentemente do que estou sentindo, vou em frente!".

Veja um exemplo bíblico. Josué sentiu medo ao ter de atravessar o Jordão. Deus o visitou e lhe disse: "Eu sei que você está com medo. Isso é normal em todo ser humano. Mas estou contigo. Seja forte e corajoso, não desanime! Eu lhe entreguei essa terra; você vai conquistá-la! Tão-somente seja forte e muito corajoso. Confie, estou com você! Não se dobre, não se curve diante do medo ou do desânimo. Medite no livro, na minha Palavra; não tire-a do coração, nem da mente e nem da boca".

Aprendi que no momento de crise, quando o medo vem forte, querendo nos paralisar, precisamos abrir a boca e declarar a verdade da Palavra de Deus. Quando, por exemplo, tenho medo da falta de alguma coisa, digo: "O meu Deus segundo sua riqueza em glória suprirá todas as minhas necessidades" (veja Filipenses 4:19). Quando estou com medo da dor ou da doença, digo: "Por suas pisaduras eu fui sarada" (veja Isaías 53:5). Quando penso que alguma coisa não vai dar certo, proclamo: "Todas as coisas cooperam para meu bem, porque amo a Deus" (veja Romanos 8:32). Desse modo, em cada situação nova que enfrento busco uma promessa e a declaro. Foi isso que Deus ensinou a Josué antes da travessia do Jordão, e ele obteve vitória seguindo a orientação divina.

Viver agressiva e confiantemente precisa ser uma decisão seguida de ação. Talvez você comece de modo tímido, mas aos poucos, encorajada pelos resultados, garanto que isso será parte de sua rotina diária, e é sua rotina que define o tipo de vida que você terá.

Permita-me mencionar outro exemplo da Sagrada Escritura. Ester, judia elevada à posição de rainha da Pérsia, sentiu medo quando Mardoqueu, seu tio, lembrou-lhe de sua missão. "Quem sabe se não foi para um momento como este que você chegou à posição de rainha?" (Ester 4.14). E o momento não poderia ser revestido de maior importância: estava em suas mãos talvez a única possibilidade de salvar o povo judeu de um massacre encomendado por Hamã.

Assim, ela teve de se posicionar, teve de decidir intervir a favor de seu povo. Ela pediu cobertura espiritual para isso, com jejum e oração, e procurou o rei, apesar do medo. Após tomar a atitude de entrar no pátio interno do palácio, em frente do salão do rei, talvez caminhasse com as pernas trêmulas, as mãos suando, a boca seca, com medo de o rei não ter misericórdia dela e não favorecê-la. Mas sua missão era maior e, a despeito do medo que sentia, Ester aproximou-se do rei e tocou a ponta do cetro. Ele lhe foi generoso e a ouviu, atendendo-lhe os rogos. A atitude de confiança dela proporcionou alcançar o favor do rei.

Ainda que você imagine que a principal estratégia do inimigo é tentar lembrar você do passado, das derrotas, das experiências ruins, de suas perdas, saiba que a "arma" que ele mais usa para nos paralisar é a *distração*. Não é a mera lembrança de certos fatos ou de seu passado que paralisam você, mas é o fato de você se distrair, de deixar sua mente se envolver com aquilo. Ao conseguir fazer você parar para considerar essas coisas, o diabo faz com que o sentimento de vazio, de derrota, de fracasso domine você, impedindo-a de confiar em Deus *no presente* e de prosseguir vitoriosamente com Ele. Não está no roteiro de Deus para sua vida a derrota hoje por causa das derrotas no passado!

O poder da atitude de dependência

Atitude é um elemento do caráter que sempre me chamou a atenção. Creio que Deus está constantemente observando qual atitude teremos em meio aos desafios e crises que enfrentamos, nas diferentes fases e estações da vida.

O rei Ezequias é um exemplo disso. Como mencionei no princípio desse livro, ele teve uma atitude muito positiva num dos momentos mais terríveis que enfrentou. Ele teve sua confiança provada. A Bíblia registra que ele começou a reinar em Judá ainda jovem, com 25 anos. No aspecto geral, seu reinado foi bom, semelhante ao de Davi, seu antecessor, e sempre usado por Deus como exemplo. Chama-me a atenção o fato de a Bíblia dizer a seu respeito: "Ezequias confiava no Senhor, o Deus de Israel. Nunca houve ninguém como ele nem antes nem depois. E o Senhor estava com ele; era bem-sucedido em tudo o que fazia" (veja 2Reis 18).

Ao mesmo tempo, a Palavra de Deus registra aquela cena terrível. "No décimo quarto ano do reinado do rei Ezequias, Senaqueribe, rei da Assíria, atacou todas as cidades fortificadas de Judá e as conquistou" (2Reis 18.13). Ele exigiu um tributo pesado e mesmo depois de Ezequias pagar, o rei começou a ameaçá-lo e enviou uma comitiva dizendo: *Em que você baseia a sua confiança? Em quem você está confiando? Você está confiando no Senhor?*

Nesse episódio, Senaqueribe prefigura o inimigo de nossa alma, o diabo, mas se assemelha também a todos os inimigos que você tem enfrentado diariamente, como a inveja no trabalho, doença, inimizade na família, alguma necessidade que lhe afronta – são todos inimigos que lhe indagam a todo tempo: "Em quem você está confiando? Que lhe adianta confiar em Deus? Por que tentar agradar o coração de Deus se você não vê resultados?" Essas vozes estão sempre gritando aos ouvidos de todas as pessoas – mas pode ficar tranqüila, não é só nos seus! Sempre vamos encontrar pessoas como a mulher de Ló dizendo-nos: "De que adianta permanecer firme em Deus se as coisas não mudam? Amaldiçoa seu Deus e morra!" A triste verdade é que dificilmente você encontrará alguém torcendo por seu sucesso.

O capítulo da Bíblia que estamos considerando diz que Ezequias era um homem que confiava em Deus. Isso fica muito evidente em seu comportamento e em suas atitudes. Ele removeu os altares, as colunas, os postes-ídolos, inclusive a serpente de bronze Neustã, objeto de idolatria. Ele seguiu e serviu a Deus e lhe obedeceu. Mas mesmo agradando ao coração do Pai e sendo fiel, a crise aconteceu, ele foi afrontado e ameaçado, foi questionado, pressionado e humilhado diante de todos os seus súditos por seu oponente. O inimigo dizia ao povo em alto e bom som: "Não dêem ouvidos ao rei Ezequias, não deixem que ele os engane, fazendo vocês confiarem em Deus".

Quantas vezes me vi em situação parecida com essa! Eu estava confiando em Deus, esperando nele por uma resposta, com várias pessoas a meu redor acompanhando, vendo tudo o que acontecia e esperando comigo, em minha fé... mas nada acontecia, a resposta não vinha! Houve muitos momentos em que pensei: "Será que estou certa ao continuar esperando essa promessa que Deus me fez? Será que isso tudo é verdade mesmo? Tenho feito tudo correto diante de Deus, tentado agradá-lo, mas não vejo saída, a solução não vem! Por que demora tanto?" E eu me pegava questionando minha confiança e minhas crenças. Geralmente isso acontecia por eu ter permitido que a *emoção* falasse mais alto que a promessa que é imutável, que a palavra dele, a qual não volta vazia (Isaías 55:11). Eis uma grande necessidade: aprender a lidar com a emoção. Devemos colocá-la em seu lugar, não permitindo que nos escravize nem dite ordens.

A atitude de Ezequias ao ser desafiado foi bastante nobre, e é um exemplo a ser seguido. Ele rasgou as vestes, cobriu de pano de saco, sinal de humilhação, e foi ao templo para orar uma primeira vez, além de enviar alguns sacerdotes ao profeta Isaías. A oração do rei aqui revela plenamente seu caráter de dependência de Deus, pois orar é o mesmo que dizer-lhe: "Pai, sou incapaz sozinho. Esse problema é maior do que eu. Preciso de ajuda!". Depois, pela segunda vez, ele foi ao templo, dessa vez levando consigo a carta de afronta que recebeu; então, abriu-a, colocou-a diante do Senhor e orou.

Você já recebeu alguma carta, um recado de afronta do inimigo? Eles são muito comuns. Geralmente ele envia insinuações e acusações por meio de pessoas a quem amamos, que estão bem próximas de nós, pois isso nos fere e machuca mais, e ele conhece esse ponto nevrálgico para a maioria de nós.

Devemos agir como Ezequias. Faço isso várias vezes, e deveria ser extremamente natural à mulher cristã proceder dessa forma. Em inúmeras situações eu trago coisas diante dele em oração. Para que esse ato se torne bastante palpável para mim, algumas vezes eu escrevo algo referente ao problema. Eu é que preciso ver que estou entregando a Deus, porque sei que Ele conhece todas as coisas, mas, ao fazer isso, a entrega para mim se torna mais concreta e real. Isso fortalece minha fé. E nesse momento é preciso ter certeza da presença dele, independente da resposta.

As situações difíceis, aquelas de "cidade sitiada", são úteis para fazer você pensar até que ponto confia em Deus. Você é levada a avaliar que segurança tem no fato de que Ele é fiel e não vai deixá-la na mão. Mas há um questionamento ainda mais profundo, que você mesma deve se fazer: "E se porventura Ele não me livrar dessa vez? Eu ainda continuarei crendo nele?". Essas perguntas são úteis, se levarem você a se firmar ainda mais em Deus, se fizerem com que suas raízes se aprofundem nele.

Mas não ignore que o inimigo também se utiliza desses momentos. No entanto, seu objetivo é desanimar você, fazê-la desistir, fazê-la concluir que Deus a abandonou. Ninguém está imune a situações desse tipo, nem mesmo as mais sérias cristãs. Com as tribulações, com os "cercos", vêm as perguntas, os questionamentos aparecem, os sentimentos de abandono e solidão surgem, e muitos, infelizmente, jogam tudo para o alto e abandonam o barco.

Precisamos seguir o exemplo de Ezequias. Por um lado, ele temeu, pois reconhecia que os inimigos eram mais fortes do que ele. Por outro, motivado justamente por isso, o rei declarou sua dependência de Deus. E isso trouxe maravilhoso resultado! Deus mesmo respondeu a Senaqueribe, revelando-lhe sua Onisciência e Onipotência: "Você insultou o Senhor (...). Eu, porém, sei onde você está, sei quando você sai e quando retorna; e como você se enfurece contra mim (...) Seu atrevimento chegou aos meus ouvidos" (2Reis 19:23,27-28).

Vemos nesse fato um exemplo muito claro de que Aquele que fez o ouvido ouve nossas orações e responde na hora certa, da maneira que quer. Ele não é indiferente as nossas necessidades nem aos nossos rogos. Por vezes, Ele poderá tardar sua resposta, mas não porque não nos tenha ouvido ou porque não se importe com nosso sofrimento; seu objetivo nessas situações é apenas purificar nossa fé, conduzir-nos a um nível mais de intimidade com Ele e de conhecimento de sua vontade.

Querida leitora, *você* pode conhecer mais a Deus! Isso depende da atitude de confiança de seu coração, de descansar na certeza de que Deus vai livrá-la. Quando você experimentar o livramento, quando vir seu inimigo, seja qual for, completamente derrotado, sua fé será fortalecida. Não tema os inimigos que cercam sua cidade, pois o milagre pode acontecer na sua vida! Tenha uma atitude vencedora: aprenda a confiar!

Entenda o amor de Deus

> "Se Deus tivesse uma geladeira, seu retrato estaria na porta dela;
> Se Deus tivesse uma carteira, levaria sua foto nela;
> Ele lhe manda flores toda primavera;
> Ele lhe manda o nascer do sol a cada manhã;
> A qualquer momento que você quiser conversar Ele escuta;
> Ele pode morar em qualquer lugar do universo, mas escolheu o seu coração!
> Encare isso:
> Ele é louco por você!
> Deus não prometeu dias sem dor,
> Risos sem sofrimento,
> Sol sem chuva,
> Mas prometeu força e graça para o dia,
> Conforto para as lágrimas
> E luz para o caminho."
>
> – Autor desconhecido

É preciso tempo para entender e aceitar plenamente o amor de Deus. E isso se deve ao fato de que a maioria de nós, mulheres, já sofreu alguma decepção na área amorosa. Isso marca de tal modo, que muitas vivem remoendo o sentimento de falta de valor, a terrível sensação de ser rejeitada, de ser trocada, de sentir-se nada. Então, transferimos isso para Deus, e temos dificuldade de crer que Ele nos ame incondicionalmente, que nos ame exatamente como somos.

Outro dia, estava assistindo um programa de entrevistas que me chamou atenção, pois retratava os bastidores de muitos artistas de Hollywood. São as chamadas "celebridades", homens e mulheres famosos que aparentam viver num mundo perfeito, sem problemas, com tudo o que querem ao alcance da mão. Mas isso é pura ilusão. Elas sofrem tanto ou mais do que nós, pessoas não tão famosas. A vida de muitos desses artistas é incrivelmente marcada por sofrimentos, por dores. Uma das entrevistadas confessou que, por causa de um trauma vivido na escola, na infância, ficou oito meses trancada em casa sem sair para lugar algum e, por isso, seu marido a abandonou. Outro artista disse que, por dormir somente duas horas na semana, teve de ser internado em uma clínica. Havia ainda as mulheres que sofrem com bulimia e outros que, apesar do muito dinheiro que têm, não conseguem resolver seus problemas diversos.

Por trás de todas as confissões e lágrimas, eu vi um problema em comum: falta-lhes amor. E não o mero amor humano, mas o amor de Deus, ao qual eles não têm acesso. Nós, mulheres cristãs, temos livre acesso ao amor do Pai e somos seu alvo; no entanto, muitas não o reconhecem nem o vivenciam como ele deve ser recebido e desfrutado. Sei como é isso, pois vivi desse modo boa parte de minha vida. Então, um dia eu disse "Basta!" e orei: "Pai, preciso entender o que é graça, entender o que é amor!

Eu preciso vê-lo como Pai e sentir segurança, pois não sei o que é isso". Então, o processo de ser curada e de conhecer a Deus começou – e isso muito tempo depois de eu já ter tido a experiência de salvação e de ser líder na igreja!

Isso prova que *tempo de vida cristã*, por si só, não faz diferença alguma no nível de intimidade com Deus e de conhecimento dele. O que de fato é determinante é sua *experiência de busca*, é sua entrega em buscá-lo de coração. Por esse motivo, uma pessoa que acabou de se converter pode ter mais intimidade com o Pai que uma pessoa que há muito caminha na fé. O que de fato conta é o conteúdo, não a aparência exterior de piedade. Não é um líquido preto dentro de uma garrafa de Coca-Cola que a faz ser Coca-Cola. A embalagem está certa, mas o conteúdo também precisa ser correto. Café ou graxa também são líquidos pretos, mas não são refrigerante!

Qual é sua imagem de Deus?

A imagem que temos de Deus se deriva, principalmente, da pessoa que representava autoridade em nossa vida nos anos de formação. Se essa pessoa foi ausente, Deus nos parecerá ausente; se a pessoa foi autoritária, teremos a idéia de um Deus autoritário; se essa autoridade foi complacente, Deus nos parecerá um papai noel ou um avô de mão aberta, que nos dá tudo o que pedimos.

Emocionalmente o que ocorre é uma transferência: o modo como pais, padrastos, tios, avós, etc. exerceram autoridade sobre nós forma a idéia que temos de Deus. Dependendo da informação que recebemos, com muita facilidade e sem nenhum esforço, em nossa mente vemos Deus como poderoso, ou amoroso, ou fiel, ou prepotente ou indiferente, etc. No entanto, precisamos ter consciência de que isso é ainda apenas uma idéia, um conceito sobre

Deus. Muitas vezes, não há um *sentimento* real por Ele, não há nenhuma relação com Ele. Isso bloqueia nossa comunicação, nossa comunhão, impedindo de haver um relacionamento objetivo e saudável entre nós.

Como foi sua infância? Quem lhe educou e formou? Que sentimento você tem bem guardado – talvez nunca expresso para ninguém – com respeito a essa ou essas pessoas? Você pode sentir saudade e gratidão, mas talvez o que você sinta seja medo, raiva, dúvida, amargura e ressentimento. Certa vez, fui orar com uma senhora que estava com uma ferida na perna. No meio da oração, senti Deus falando comigo: "Perdão!". Ao terminar, disse a ela o que tinha sentido. Imediatamente seu semblante se transformou, e ela me disse com muita raiva: "Eu não perdôo! Não posso perdoar o que meu pai me fez!". A ferida estava bem ali diante dos olhos de qualquer um, fruto do rancor. Sem perdão em sua alma, ela não poderia ser curada em seu corpo.

Pense um momento e analise seu sentimento em relação a Deus. Note que não estou falando de sua *doutrina* de Deus, mas de seu *sentimento*. Talvez sua mente lhe apresente um Deus amoroso e presente, mas seu coração lhe fale de um Deus indiferente e distante. A luta vem imediatamente entre a mente e o coração. Há um conflito interno, que nem sequer aceitamos existir. Pior é quando tanto na mente quanto no coração temos algo negativo em relação a Deus. E isso, infelizmente, é muito mais comum no povo de Deus do que se possa imaginar.

É obvio que, em sã consciência, ninguém cogita de ter sentimentos ruins para com Deus, mas, na prática, vemos que eles existem. E existem dentro de nós. Eles vêm à tona quando nossas orações não são respondidas quando e como esperávamos, quando nossas vontades e desejos não são realizados, quando a provação parece não ter propósito ou fim. Essas situações expõem qual é o verdadeiro relacionamento que temos com Deus: se é teórico, baseado no que *achamos* que Deus deveria ser, ou se é verdadeiro, baseado naquilo que *experimentamos* que Deus é. Infelizmente, muitas cristãs desconhecem esse fato, apesar de conviverem com as conseqüências dele. Um sem-número de mulheres amarga ressentimentos contra Deus por Ele não ser como imaginavam, por não se submeterem a Ele, por não aceitarem sua direção. Se esse conflito interior não for exposto e confrontado, nada mudará em seu viver.

Isso está relacionado não só ao conhecimento de Deus, mas também ao autoconhecimento. Se não nos vermos de maneira correta, se não nos conhecermos à luz de Deus, seremos interiormente confusas, indefinidas e influenciáveis. Creio que o autoconhecimento correto traz consigo muitas conquistas no plano emocional e, conseqüentemente, vitórias espirituais. Mais uma vez, permita-me citar minha experiência pessoal.

Eu já era cristã há algum tempo quando percebi que, apesar disso, tinha uma imagem muito deturpada de Deus. Lembro-me de, em certa ocasião, estar fazendo um curso. Um dos exercícios a serem feitos era o seguinte: o instrutor falaria algumas palavras e deveríamos escrever o primeiro nome em que pensássemos relacionado à palavra. Quando ele disse "pai", eu me assustei muito com o que me veio à mente! Fiquei estarrecida! Como eu podia pensar daquele modo, como eu podia ter aquela imagem de Deus, aquela crença, aquele sentimento a seu respeito, mesmo já sendo cristã? De outra feita, quando fui considerar a figura de autoridade na minha vida, deparei-me com o conceito de um Deus sufocador, desencorajador, que me dizia a todo momento "Você não é capaz! Você nunca faz nada certo! Você sempre erra!", exigindo-me perfeição, condenando-me por qualquer erro. Então, eu vi, mesmo que timidamente ainda, que isso não estava certo, que esse não poderia ser o Deus a quem eu amava, a quem eu queria, a quem a Bíblia revela. Por isso, comecei a buscá-lo intensamente, expondo-lhe minha necessidade de conhecê-lo como Ele realmente é, não como minhas crenças o formaram em minha mente. Eu queria me relacionar com Ele como um Pai num padrão correto e sadio. Orei, então, para que eu pudesse entender seu amor por mim e sua graça.

Foi assim que se deu início a uma aventura que dura até hoje: a aventura de conhecer Deus como Ele de fato é, de conhecer seu amor, de aprender a me relacionar com Ele. Nada disso se obtém da noite para o dia. Fique tranqüila: Deus fará isso no tempo dele. De sua parte, busque com sinceridade conhecê-lo. E não há problema algum em descobrir em seu coração esses conceitos errôneos sobre Deus – talvez, de alguma forma, eles estivessem escondidos de seus olhos, mas não dos dele. Ele ama você como sempre amou, ama hoje como amava antes de você descobrir o que pensava dele. Você é prioridade para Deus! O salmo 139 retrata isso com veemência: o Pai celestial sabe o que você vai falar antes que a palavra lhe chegue à boca, Ele sonda e conhece você, cerca-a por trás e pela frente e põe a mão sobre você. Os olhos divinos viram quando você era ainda um embrião, pois Ele a teceu no ventre de sua mãe. Seus dias de vitória foram todos escritos por Ele antes de qualquer um deles existir. Talvez alguns dos dias de sua existência, por causa das escolhas que você fez, não foram assim tão bons ou produtivos, mas nem por isso Deus deixou de amar, cuidar e proteger. Foi dessa forma que comecei a ser convencida do amor dele por mim.

O único amor na terra que pode ser assemelhado ao de Deus é o amor de mãe – desde que este seja normal, não aquele tipo doentio, tão fácil de se encontrar por aí hoje em dia. Percebi isso quando passei a observar minha relação com meus três filhos. Mesmo sendo imperfeita, eu os amo muito; mesmo quando eles me decepcionam (e isso ao longo da vida ocorreu várias vezes), eu continuo amando-os. Tento fazer o melhor por eles, dar-lhes o que posso, e às vezes até o que não posso. Quando fazem algo errado, nunca lhes digo: "Essa foi sua última chance! Você falhou, pois isso não o quero mais como filho!". Eu, pecadora, imperfeita e falha, consigo amar desse modo; imagine, então, o amor do Pai celestial! Por observar o amor imperfeito que tenho por meus filhos foi-me mais fácil entender o amor incondicional de Deus por mim. Esse amor maior que o meu, que me amou mesmo quando eu estava na pior e, aos olhos humanos, sem esperança.

> "Qual de vocês, se seu filho pedir pão, dará-lhe uma pedra? Ou se pedir peixe, lhe dará uma cobra? Se vocês, apesar de serem maus, sabem dar boas coisas aos seus filhos, quanto mais o Pai de vocês, que está nos céus, dará coisas boas aos que lhe pedirem!"
>
> – Mateus 7:9-11

Meu coração encontrou descanso quando vi que, haja o que houver, Ele está comigo. Posso estar no escuro e não temer, porque as trevas nada são para Ele. Se estou nos altos e nos mais profundos vales, ando firmemente, em segurança, pois Ele é o pastor cuidadoso, e não terei falta de nada. Mesmo quando passar pelo vale da sombra da morte, nada preciso temer, pois Ele estará comigo. Hoje, ao enfrentar circunstâncias muito difíceis, tenho aprendido a dizer para Ele: "Pai, o dia hoje está *prometendo*! Não consigo sozinha! Preciso de tua graça e ajuda. Senhor, me socorra!". Ao fazer isso, sempre descubro quão pronto Ele está para tirar de meus ombros meu fardo pesado e trocá-lo por seu fardo leve, para livrar-me de meu jugo pesado e dar-me o seu, que é suave (veja Mateus 11:29). Assim, a Palavra de Deus se cumpre em minha experiência. Aprendo que toda ela é verdade. Ele prometeu que não me mandaria provação que eu não pudesse suportar, e que providenciaria, junto com ela, alívio e graça suficiente – e Ele cumpre isso! Isso me dá garantia de sua presença em meio às situações críticas que enfrento, muitas vezes maiores que eu. A promessa de sua presença constante – "De maneira alguma te deixarei, nunca jamais te abandonarei" (Hebreus 13:5) – é real.

Portanto, devagar, um passo de cada vez, estou avançando em meu relacionamento de confiança, de fé, de vitória em Deus, baseada na convicção de que "Ele não muda" (Malaquias 3:6), de que Ele não é como o homem que muda de idéia, mente ou se arrepende, pois, se Ele falou, vai agir, se prometeu, irá cumprir (Números 23:19). Dia após dia, firmo-me cada vez mais nele. É um processo de aprendizado constante, que tem gerado em meu coração um nível de confiança inabalável.

Enfrente os testes confiando em Deus

Fé acredita que Deus fará o que prometeu; *confiança*, no entanto, diz: "Mesmo se Deus não fizer, minha posição não mudará: continuarei comprometido com Ele, esperando nele!".

Isso foi claramente experimentado pelos três jovens hebreus, companheiros de Daniel, na Babilônia. Quando se negaram a adorar a grande imagem do rei Nabucodonosor, foram sentenciados à fornalha. A resposta à ameaça do rei foi: "Se formos atirados na fornalha em chamas, o Deus a quem prestamos culto pode livrar-nos, e Ele nos livrará das tuas mãos, ó rei. Mas, se Ele não nos livrar, saiba, ó rei, que não prestaremos culto aos teus deuses nem adoraremos a imagem de ouro que mandaste erguer" (Daniel 3:16-18). Eles não tinham dúvidas do poder de Deus para salvá-los, mas, mesmo que isso não acontecesse, não quebrariam seu compromisso com Deus – e se posicionaram firmemente, mesmo correndo risco de morte. E Deus honrou-lhes a confiança e o compromisso com Ele.

Compromisso atrai a atenção do Pai. Comprometer-nos com Deus faz-nos como uma árvore plantada: ela não irá a nenhum lugar, não mudará, não importando o tempo ao redor; permanecerá firme e dará frutos.

Uma vez que você aprendeu a confiar em Deus, o próximo passo é aprender a descansar nele. *Descanso é a expressão visível da confiança.* Imagine-se sentada confortavelmente em uma cadeira. Se confia que ela suportará seu peso sem problema, você relaxa, não fica preocupada pensando: "Será que essa cadeira vai cair?". Enquanto estiver sentada nela, não temerá nem se preocupará, pois sabe que ela é capaz de a suportar. Mas se estiver desconfiada da cadeira, se suspeitar de sua fragilidade, se lhe parecer que ela tem uma perna bamba ou se apresentar uma rachadura, você sentará na ponta, sem depositar seu peso por completo, preparada para saltar ao menor sinal de que vai desabar. É isto que acontece: se você confia em Deus descanse nele, pois sabe que é capaz de sustentá-lo.

Uma verdade bíblica maravilhosa é que Deus só luta sua causa quando você descansa nele. Seu descanso provoca a intervenção divina. Enquanto nós mesmas estamos tentando fazer, impedimos, de certo modo, que o Todo-Poderoso aja!

"O Senhor lutará por vocês; tão-somente acalmem-se" (Êxodo 14:14).

"Parem de lutar! Saibam que Eu sou Deus!" (Salmo 46:10).

A parte de Deus é lutar a guerra; sua parte é descansar. Mas não entenda erroneamente o que seja descansar. Veja que interessante é a ordem que se encontra em Hebreus 4:11: "Esforcemonos por entrar nesse descanso". Em outras palavras, você tem de trabalhar para entrar no descanso de Deus. Portanto, o descanso não é um chamado à inatividade ou à inércia, mas à confiança. E isso é contrário a nossa natureza. Nosso ímpeto natural é tentar resolver, é tomar as coisas em nossas mãos e fazer o que nos parece melhor. Por isso, precisamos de um esforço, de um empenho consciente para cessar de tentar e esperar inteiramente na graça de Deus. Descansar em Deus também implica aprendizado e também é um processo. Quanto mais descansa, mais você aprende a descansar. Você deve ter a atitude de quem está sentada na firme cadeira celestial.

Como você sabe que está efetivamente descansando em Deus? Quando nenhum tipo de circunstância exterior causa mudança interior em você. Mesmo que tudo mude a seu redor, no coração você tem convicção do que Deus está fazendo, você tem certeza que Ele está trabalhando a seu favor e está no controle de cada situação específica. Apesar dessa segurança interior, ouça este conselho: em momentos de luta por fora e de descanso por dentro, fique longe de pessoas negativas. Elas poderão lhe tirar do lugar tão almejado por você, o *descanso*.

Capítulo 3

Autoconfiança

"Todos gostam de anunciar sua própria fidelidade, mas como é difícil encontrar uma pessoa realmente digna de confiança!"

– Provérbios 20:6 (Bíblia Viva)

"É preciso ter suficiente confiança em si mesmo para não desanimar... e desconfiança bastante para não fazer tolice."

– Walter Waeny

"Nosso grande medo não é o de que sejamos incapazes. Nosso maior medo é que sejamos poderosos além da conta. É nossa luz, não nossa escuridão, o que nos amedronta."

– Nelson Mandela

Uma moça muito atraente e moralmente séria foi abordada por um jovem cujos interesses obviamente iam além de apenas segurar-lhe a mão. Quando ela se recusou a vê-lo em quaisquer circunstâncias, o rapaz, zombando, acusou-a de não confiar em si mesma. Sorrindo, ela respondeu: "Você tem toda razão: não confio mesmo!", e foi em frente.

Como essa moça, você precisa se conhecer, precisa ter consciência de suas fraquezas, de áreas frágeis, precisa saber em quais delas você mais precisa de limites. Além disso, é importante que você reconheça suas potencialidades, e saiba viver no equilíbrio entre tudo isso. É importante você compreender que sem Deus todas as coisas são permissíveis, mas, com Ele, todas as coisas são possíveis.

Parte do pensamento contemporâneo, da filosofia seguida pelas multidões hoje em dia, é que você é deus ou um pequeno deus e, por isso, pode fazer tudo o que acha que pode, tudo o que acha certo, tudo o que vá lhe trazer felicidade. Essa mentira do diabo tem enganado milhares de pessoas, arrastando-as para a escravidão do pecado, da auto-suficiência, do tudo-pode. Para ser guardada desse grande engano, grave no coração estas três coisas imutáveis: primeira, há um Deus a quem você deve seguir em submissão; segunda, ninguém é Deus; e, terceira, isso inclui *você*! Se tiver a consciência da seriedade da vida com Deus, bem como de seus próprios limites e fraquezas, você terá em mãos ferramentas fantásticas para seu crescimento como mulher em todas as áreas da vida.

Por mais contraditório que possa parecer (e isso soa como loucura aos ouvidos do mundo), há uma grande fonte de força em você admitir suas fraquezas, bem como em admitir suas qualidades e não se orgulhar delas. Todas somos vulneráveis em alguma área da vida, e somos protegidas por reconhecer isso e por cultivar os limites nessas áreas. Tentar viver sem eles nos levará à frustração, pois constantemente seremos derrotadas por nossas fraquezas. Portanto, disciplina, restrição, ir contra nossa vontade, só nos traz benefícios. Confira: nunca houve um campeão indisciplinado em qualquer atividade esportiva ou profissional. Os vencedores restringem-se quanto ao horário de levantar, de dormir, de treinar, ao que comer, sem considerar se gostam ou não, se têm vontade ou não. Apenas fazem, pois têm um alvo claramente definido diante de si. Sabem o que precisam evitar e abraçam o que têm de fazer. Isso se chama *disciplina*, e é o que lhes garante a vitória! O mesmo se aplica às áreas espiritual e emocional: o intuito da disciplina não é oprimir, mas ajudá-la a atingir seu alvos e objetivos, e ela agrada o coração do Pai.

Outro fator determinante para a vida vitoriosa é ser dependente de Deus e não de suas próprias forças. Na Bíblia, os heróis da fé tinham esta característica em comum: sua dependência absoluta de Deus. Paulo tinha razões mais do que suficientes para confiar em si mesmo, como ele próprio diz em Filipenses 3:4-7, mas optou por confiar em Deus. Ele declarou: "Tudo posso naquele que me fortalece" (4:13), ou seja: "Eu posso fazer todas as coisas que Deus me pede com a ajuda de Cristo, que me dá a força e o poder" (Bíblia Viva). O pensamento de nossos dias focaliza o poder próprio do homem, enquanto o cristianismo enfatiza o poder que vem de Deus para o homem fazer absolutamente tudo. É Deus quem nos capacita a fazer o que é de sua vontade e a ser o que deseja que sejamos. "Sem mim [Jesus] vocês não podem fazer coisa alguma" (João 15:5).

Quantas vezes desejei mudar meu comportamento, minhas atitudes, melhorar meus relacionamentos, mas por mim mesma, em minha força, todas as tentativas foram vãs. Até que descobri a chave: pedir ao Espírito Santo que me capacite e me ajude a ser a pessoa que Ele deseja que eu seja, como mulher, mãe, esposa e em todos os outros papéis que tenho de desenvolver. Então nele e por meio dele obtive conhecimento e revelações que me fizeram crescer.

Como palestrante, preciso da ajuda divina todas às vezes em que subo ao púlpito para ministrar. Mesmo hoje, depois de tantos anos de ministério, ainda sinto um frio na espinha sempre que preciso me apresentar diante de pessoas. Por isso, digo ao Senhor: "Preciso de ti! Não quero falar por mim mesma". Antigamente eu ficava em extremo preocupada com a aprovação dos outros; se não tinha uma reação positiva e participação dos ouvintes eu ficava muito frustrada. Hoje é diferente: determinei que meu desejo mais profundo é abençoar pessoas, é vê-las curadas na alma e transformadas em suas atitudes. Então, preparo-me da melhor maneira possível e entrego-me à dependência do Espírito para que Ele faça o restante, para que use a mim e ao que sei e preparei a fim de alcançar os ouvintes. Sinto como uma enfermeira, uma ajudante: Ele será sempre o médico, aquele que sabe onde está o problema, que conhece a cura, que sabe operar. Eu me contento em apenas seguir suas orientações e fazer o que Ele determinar. Descanso no fato de que Ele é a pessoa mais interessada em que eu cumpra o propósito para o qual me chamou, cujo objetivo é que muitos sejam abençoados.

Em meu papel de mãe, descanso no fato de que não sou perfeita, e dependo de Deus para ajudar meus filhos em suas dificuldades, as quais não posso resolver todas. Sei que meus filhos precisam crescer e, para isso, a dor e alguns erros são extremamente necessários e produtivos – não poderei livrá-los de todos. Quando me deparo com alguma coisa que não aprovo ou de que não gosto, levo tudo a Deus em oração, pois só Ele pode convencer alguém do pecado, da justiça e do juízo. Eu não posso fazê-lo, nem com palavras nem muito menos com algum tipo de persuasão.

Como esposa, creio que tenho sido submissa, como a Palavra de Deus me ensina. Mas confesso que isso não é fácil, de forma alguma. Principalmente porque somos ambos fortes de temperamento e, como costuma acontecer nos casais, completamente diferentes um do outro. Por um lado, nós nos completamos com essas diferenças, mas, por outro, elas já foram motivo de muitas discórdias em casa, de muita greve de silêncio, principalmente de minha parte. Não posso confiar em mim mesma para ter um lar feliz, pois isso não depende só de mim. No início do casamento, lutei muito contra a insegurança, pois eu sentia muito ciúme. Sempre evocava as lembranças fortes do casamento de meus pais, de vizinhos e de parentes, o que quase acabou com o meu. Precisei ir ao Senhor e pedir-lhe ajuda para suportar as diferenças, encarar a realidade e ser feliz, focando no que é positivo no caráter de meu marido e na vida, e não nos aspectos negativos.

Não confie em seu temperamento ou em sua personalidade. É na hora da crise que descobrimos quem realmente somos. Pedro, por exemplo, jamais pensou que poderia negar Jesus, e chegou ao ponto de afirmar-lhe que iria com Ele onde quer que fosse, mesmo que isso implicasse em morte. Mas conhecemos a história: Pedro agiu totalmente ao contrário, negando seu Amigo, Mestre e Discipulador. As situações de aperto e de crise levam-nos a nos conhecer, a conhecer a Deus e aos outros, bem como a saber que precisamos totalmente de Deus. Essas situações são amorosamente preparadas por Ele a fim de sejamos plenamente maduras em Cristo – esse é seu propósito definitivo para nossa vida.

Nunca esqueça: você pode todas as coisas em Cristo, aquele que a fortalece! Tudo é possível por meio dele, por Ele, nele e com Ele. Somente assim você alcançará vitórias em todos os aspectos de sua vida.

Seu intelecto pode ser um traidor

Há quem diga que, se Jesus houvesse enviado o currículo de seus doze escolhidos para uma empresa de recursos humanos, esta seria a resposta:

Para: Jesus, Filho de José
De: Consultoria de Administração e Recursos Humanos Jordan

Prezado sr.:
Obrigado por submeter o currículo dos doze homens que V. Sa. escolheu para a posição de gerentes em sua nova organização. Além da análise dos currículos, todos eles passaram por uma bateria de testes e cada um teve uma entrevista pessoal com nossos psicólogos e consultores vocacionais.
A opinião unânime de nossa equipe de profissionais é que, em quase sua totalidade, esses candidatos têm falta de experiência, educação e vocação para o tipo de atividade pretendida. Destacamos principalmente o fato de que eles não têm conceito de equipe. Nós recomendamos que V. Sa. continue a procurar por pessoas com experiência e habilidade de comandar, com capacidade comprovada para a tarefa proposta.

Quanto à análise individual, nossas observações são as seguintes:

1. Simão Pedro é emocionalmente instável e tem desvios de temperamento.
2. André não tem absolutamente nenhuma qualidade de liderança.
3. Os irmãos Tiago e João, filhos de Zebedeu, colocam seus interesses pessoais acima da lealdade.
4. Tomé manifesta uma atitude de questionamento que não é normal.

> 5. É nossa obrigação dizer que Mateus foi mal recomendado pelo Grande Comitê de Negócios de Jerusalém, por suspeitas de enriquecimento ilícito e cobrança abusiva de impostos.
> 6. Tiago, filho de Alfeu, e Tadeu definitivamente possuem tendências radicais, registrando ambos uma nota alta na escala de comportamento maníaco-depressivo.
> 7. Outros três candidatos revelam as mesmas limitações já apontadas nos itens anteriores.
>
> Um deles, no entanto, apresenta grande potencial. Ele é um homem hábil e engenhoso, relaciona-se facilmente com as pessoas, tem uma mente voltada para negócios e ótimos contatos. É altamente motivado, ambicioso e responsável. Ao contrário de Pedro, não se manifesta desnecessariamente e, quando o faz, é para trazer equilíbrio e ponderação ao grupo. Nós enfaticamente recomendamos Judas Iscariotes como seu coordenador e principal auxiliar. Todos os outros estão reprovados por eles mesmos.
>
> Nós lhe desejamos todo sucesso em seu novo empreendimento.
>
> – Autor desconhecido. Adaptado.

Não duvido que alguém pense desse modo! As aparências enganam, diz a sabedoria popular. E quando os homens são tomados pelo poder do Espírito Santo, as aparências enganam muito mais ainda! Entre aqueles doze homens havia, por exemplo, um chamado Pedro, pescador iletrado. Apesar disso, após o Pentecostes, confundiu a cabeça de muita gente com suas palavras persuasivas, e, em um só dia, três mil pessoas se converteram ao ouvir sua primeira palestra.

Os primeiros seguidores de Jesus, com suas fraquezas e dificuldades, ensinam-nos a depender totalmente de Deus, de seu poder de capacitar-nos. Por isso, minha amiga, não confie em quanto você estudou, nos diplomas que você tem ou no quanto você sabe. Nada disso lhe dá a genuína base para ser usada por Deus. Ele usa as coisas loucas para o mundo a fim de envergonhar as sábias (1Coríntios 1:27-28). Por isso, não se orgulhe, mas tenha temor de Deus (Romanos 11:19).

Não confie em seu sobrenome, não viva à sombra do nome herdado da família, mesmo que seja ela de cristãos verdadeiros. O que importa é seu relacionamento pessoal com Deus. Ele não tem netos, somente filhos. Se você for filha ou parente de um grande pregador, isso lhe dará, no máximo, o direito de herdar alguma propriedade aqui na terra, mas nunca lhe assegurará a entrada no céu. Você mesma precisa encontrar-se com Deus! Você mesma deve ser nascida dele, nascida em sua família como filha! Por ter nascido do alto, você é filha do Rei, sua propriedade particular, filha para o louvor de sua glória. Ele cuida de você, busca você, ampara você em todo tempo. Se tem um anel de brilhantes e ele cai numa poça de lama, com certeza você não vira as costas e o deixa lá; antes, você o retira, lava e volta a exibi-lo. Para Deus você é uma jóia singular, única, incomparável, muito mais valiosa que qualquer diamante. Por esse motivo, Ele nunca a deixará caída, nunca a desprezará por suas fraquezas, nunca ignorará suas dores. Deus só tem olhos para você!

O orgulho precede a queda

O diálogo abaixo é verídico e foi travado em outubro de 1995, entre um navio da Marinha norte-americana e as autoridades costeiras do Canadá, próximo ao litoral de Newfoundland.

Os americanos começaram de maneira educada:

– Favor alterar seu curso 15 graus para o norte a fim de evitar colisão com nossa embarcação.

Os canadenses responderam prontamente:

– Recomendo mudar o SEU curso 15 graus para o sul.

O capitão americano irritou-se:

– Aqui é o capitão de um navio da Marinha americana. Repito, mude o SEU curso.

Mas o canadense insistiu:

– Não. Mude o SEU curso atual!

A situação foi se agravando.

O capitão americano berrou ao microfone:

– ESTE É O PORTA-AVIÕES USS LINCOLN, O SEGUNDO MAIOR NAVIO DA FROTA AMERICANA NO ATLÂNTICO. ESTAMOS ACOMPANHADOS DE TRÊS DESTRÓIERES, TRÊS FRAGATAS E NUMEROSOS NAVIOS DE SUPORTE. EU EXIJO QUE VOCÊS MUDEM SEU CURSO 15 GRAUS PARA O NORTE – UM, CINCO GRAUS NORTE – OU ENTÃO TOMAREMOS CONTRAMEDIDAS PARA GARANTIR A SEGURANÇA DO NAVIO.

E o canadense respondeu:

– Aqui é um *farol.* Câmbio!

Às vezes, a arrogância e o orgulho nos cegam... Quantas vezes criticamos a ação dos outros, quantas vezes exigimos mudanças de comportamento nas pessoas que vivem perto de nós, quando nós é que deveríamos mudar nosso rumo. Nós, mulheres, somos especialmente tentadas a pecar nesse assunto, pois temos a tendência de sempre saber como os outros deveriam proceder, falar, pensar... A impaciência com o ritmo e disposição de quem nos cerca, por exemplo, é típico fruto do orgulho. Quando dizemos: "Você tem de ser mais rápido, eu não posso esperar!", estamos assumindo uma posição de extrema importância, como se tivéssemos de ser atendidos em nosso tempo, ao nosso modo.

Quantos pais enfrentam dificuldades no relacionamento com os filhos por terem temperamentos diferentes? A criança ou o adolescente é mais lento, faz tudo devagar, e os pais exigem que ajam em seu ritmo. O mesmo acontece com colegas de trabalho ou com o cônjuge. Essa impaciência mostra quão pouco avançamos na vida com Deus. A paciência revela maturidade.

Paulo orienta: "Ninguém tenha de si mesmo um conceito mais elevado do que deve ter, mas, ao contrário, tenha um conceito equilibrado, de acordo com a medida da fé que Deus lhe concedeu" (Romanos 12:3). Deus odeia o orgulho, que nada mais é do que pensarmos de nós mesmas mais do que convém, mais do que somos, termos um conceito próprio mais elevado do que deveríamos. Por causa do orgulho muitos caíram em pecado, foram vergonhosamente derrotados pela tentação, sofreram vergonha pública, e houve até quem perdesse a vida por isso. Para ver exemplos disso, basta ler a Bíblia com atenção. A Palavra de Deus é muito clara ao falar desse pecado: "O Senhor detesta os orgulhosos de coração. Sem dúvida serão punidos. (...) Quando vem o orgulho, chega a desgraça, mas a sabedoria está com os humildes. (...) A recompensa da humildade e do temor do Senhor são a riqueza, a honra e a vida" (Provérbios 16:5; 11:2; 22:4).

Não se preocupe com a vizinhança

Uma centopéia andava por toda a floresta, bela e feliz. Conhecia cada animal e era amiga de todos eles. Ela era muito admirada por andar para todo lado, subindo e descendo das árvores com facilidade. Enfim, a centopéia era a criatura mais feliz e livre de toda a floresta.

Certo dia, o grilo se aproximou dela, com um ar enxerido, cheio de curiosidade, e lhe perguntou:

– Minha amiga centopéia, me diga: qual das cem perninhas você mexe primeiro quando começa a caminhar?

Ela foi tomada de pânico: nunca havia pensado nisso! A centopéia ficou de boca aberta, sem saber o que responder, pois não tinha a menor idéia de qual perna usava primeiro. Preocupada em descobrir, a pobre criaturinha nunca mais conseguiu andar – passou o resto da vida parada, olhando para as pernas, tentando saber com certeza qual se mexia primeiro ao começar a andar.

Há muitos "grilos" em nosso redor. São pessoas que gostam de chamar nossa atenção para coisas sem importância, que ressaltam coisas comuns como se fossem grandes defeitos: "acusam-nos" de sermos muito baixas, muito altas, muito magras, muito gordas... Insistem em enfatizar um defeito, fazendo com que nossos olhos se voltem para coisas sem importância, impedindo-nos de conquistar algo na vida. Os grilos querem transformar você mesma em sua maior inimiga! Mas nada deve impedi-la de ser o que Deus deseja que você seja. O desejo dele para sua vida (e que deve ser seu desejo também) tem de ser maior do que quaisquer obstáculos.

Portanto, não se preocupe demais com que os outros pensam a seu respeito. As pessoas não conhecem você inteiramente, e exigem algo segundo um padrão próprio, inatingível. Freqüentemente fazem isso pelo simples prazer de impedir seu crescimento, como sinal de inveja por alguma capacidade ou característica sua que lhes falta. Não estou, de modo algum, referindo-me a questões de caráter, moral ou reputação – devemos procurar ter o mais alto padrão nessas áreas –, mas a aspectos exteriores, estéticos, de desempenho, algo exigido pela sociedade sem considerar suas características próprias. Fuja disso!

Todas nós sentimos inseguras de vez em quando. Isso é normal. Enfrentar a insegurança é um passo necessário para a vitória e o crescimento. Mesmo insegura, faça o que deve ser feito! Vá à entrevista, matricule-se no curso que deseja fazer, faça aulas de direção, estude para o vestibular, comece a praticar um esporte. Arrisque-se! Tenha prazer em fazer o que está ao seu alcance!

Uma maneira de superar a insegurança é cultivar bons pensamentos. Tenho uma filosofia que adquiri num dos piores momentos da minha vida. Ela tem sido como âncora para mim nos tempos de crise. Mantenho sempre vivo este pensamento em minha mente: *Deus me ama e tem o melhor para minha vida!* E se eu vier a cair, relembro sempre: *Vencer nada mais é do que levantar depois de cada queda!* Elas não são frases feitas, mas verdades profundas que alimentam e animam meu coração.

Deveríamos nos preocupar menos com a queda e mais com as chances que perdemos quando nem sequer tentamos. Afinal, muitas pessoas que entraram para a história da humanidade e são admiradas no mundo inteiro também falharam várias vezes. Elas apenas não desistiram. Foram ousadas e tentaram de novo. O nome que se dá a pessoas assim é *vencedoras*! Saiba que o mundo é dos ousados. Quer exemplos? Então, vamos lá:

- *Albert Einstein* não falava até os quatro anos de idade.
- O professor de música de *Beethoven* afirmou que como compositor ele era um caso perdido.
- *Louis Pasteur* foi considerado medíocre em química.
- *Michael Jordan* foi cortado do time de basquete quando estava no segundo ano do colégio!

Quer mais? Vamos citar acontecimentos da vida de um homem que falhou muitas vezes, mas continuou a lutar. Veja se você o conhece.

> Ele faliu nos negócios aos 22 anos; não se elegeu para a legislatura do Estado aos 23; faliu mais uma vez nos negócios aos 25; perdeu a mulher amada, sua noiva, aos 26; não se elegeu para o cargo de orador aos 29; não se elegeu para o Congresso aos 34; foi eleito para o Congresso aos 37; perdeu a reeleição aos 39; não se elegeu para o Senado aos 46 e aos 49.
> Esse homem foi ninguém menos do que *Abraham Lincoln* – eleito presidente dos Estados Unidos aos 51 anos de idade. Ele se levantou após cada queda e finalmente alcançou seu destino, ganhando o respeito e a admiração das pessoas e das nações.
>
> – Citado de Sean Covey

Por mais que sejamos otimistas e bem intencionadas, seremos sem direção como o vento se não fixarmos o coração e a confiança nas mãos de Deus.

Você tem capacidade de conquistar! Deus a deu a você! Acredite nela! Avance sem medo, pois a força de Deus está sobre sua vida. Não faça como a centopéia: não fique tentando adivinhar qual é o *primeiro passo* que deve dar. Apenas dê e ande e continue a andar. Mas para a frente!

Lembre-se: "Com Deus você pode tudo" (veja Filipenses 4:13). Ele vai estar presente com você em cada passo. Com Ele, você pode e deve realizar seus sonhos. Acredite: você é capaz! Confie, e Deus a fará mais que vencedora!

Capítulo 4

Relacionamentos

"Maldito é o homem que confia nos homens, que faz da humanidade mortal a sua força."

– Jeremias 17:5

"Confiar num homem que não merece confiança é como mastigar com dor de dente e apostar corrida com o pé quebrado."

– Provérbios 25:19 (Bíblia Viva)

Certo homem esperava para atravessar a avenida quando um brilho na grama em que pisava chamou sua atenção. Deu uma olhada sem se abaixar e pensou: "Ah, deve ser um caco de vidro", e foi embora. Mais tarde, outro homem na mesma situação percebeu o brilho, abaixou-se, pegou a pedra meio suja e viu que era talhada como um lindo diamante, espalhando raios luminosos com as cores do arco-íris quando colocado ao sol. O homem pensou: "Puxa, será um diamante? E desse tamanho? Perdido aqui? Como veio parar aqui? Talvez eu devesse levar a um joalheiro para ver ser é de verdade". Ele olhava e olhava e de repente disse a si mesmo: "Que idiota eu sou! Imagina isso ser um diamante! É só um vidro parecido com brilhante que caiu de algum anelzinho de bijuteria. Por que um cara como eu iria achar um diamante? E se eu levar a um joalheiro ainda vou ter de agüentar a zombaria do homem por eu ter pensado que podia ser uma pedra preciosa. Logo eu ia achar um diamante assim... perdido na grama... Logo eu!".

E satisfeito com sua explicação, jogou de novo a pedra na grama e atravessou a avenida, porém triste por sua pouca sorte.

No dia seguinte, outro homem passou pelo mesmo lugar e viu a pedra, atraído pelo seu brilho.

"Que beleza de pedra", ele pensou! "Parece um diamante... mas pode ser só um pedaço de vidro ou um desses brilhantes falsos de bijuteria barata. Como eu não entendo disso, é melhor levar a um joalheiro e pedir uma avaliação."

Colocou a pedra no bolso e levou-a a um joalheiro amigo seu, pessoa de confiança. Ao olhar a pedra, seu amigo ficou deslumbrado: era um diamante verdadeiro, de muitos quilates e com uma lapidação especial. Uma pedra muito valiosa, realmente especial! O homem ficou muito feliz com a sua boa sorte.

Na vida às vezes encontramos pessoas que são como um diamante: muito valiosas! Infelizmente nem sempre gastamos tempo para avaliá-las de maneira correta, confiando em nossa primeira, e muitas vezes errônea, impressão, ou desprezando-as de pronto por considerar que nunca temos sorte de encontrar "tesouros".

Não há dúvida de que nossa avaliação é importante, mas é preciso que ela seja bem fundamentada, feita com critério, não apenas baseada na primeira impressão que tivemos. Não podemos julgar precipitadamente. Precisamos ser coerentes e ponderados, e usar a Palavra de Deus como padrão absoluto. Quando você espera o pior de uma pessoa, há grandes chances de isso acontecer – mas o contrário também é verdadeiro! Então, por que não arriscar esperar boas coisas? "Se os seus olhos forem bons..." (Mateus 6:22). Portanto, tenha bons olhos em relação às pessoas. Parte essencial do processo de amadurecimento está em receber aquilo que elas têm a lhe dar. Se as rejeitar, você perderá excelentes oportunidades de aprendizado, de crescimento. Não somos auto-suficientes; precisamos do que outros já viveram, daquilo em que podem nos corrigir, animar-nos, orientar-nos. Portanto, esteja sempre pronta e aberta para crescer no seu convívio com *gente*!

Conta-se que, aninhado num penhasco de cem metros de altura em Portugal, há um velho mosteiro. Para chegar ao topo, a pessoa tem de ser amarrada a uma grande cesta de vime. Então, vários monges a içam por uma roldana e uma corda presa à cesta.

Certa vez, um turista, tendo-se acomodado confortavelmente na tal cesta para o precário passeio, perguntou a um dos monges:

– Com que freqüência a corda é substituída?

– Toda vez que ela se rompe – respondeu placidamente o religioso, já começando a erguer o apavorado visitante.

Se sua vida depende de algo ou de alguém, você precisa ter certeza de que, num momento crítico, aquilo não vai lhe deixar cair. É o instinto de sobrevivência em ação! Mas, infelizmente, nada de origem humana poderá manter-nos em pé para sempre. É tolice esperar ou acreditar que nunca seremos traídos ou decepcionados pelas pessoas. Mas, felizmente, no âmbito espiritual há Alguém em quem podemos confiar absolutamente, que nunca falhará. O relacionamento com Deus é o único absolutamente à prova de decepções, de frustrações e de falhas. Sua promessa é segura: "O Deus eterno é o seu refúgio, e para segurá-lo estão os braços eternos" (Deuteronômio 33:27). Nele você pode confiar!

As quatro necessidades emocionais básicas

Todo ser humano tem necessidades emocionais básicas a serem supridas. Alguns, porém, não aceitam o fato, enquanto outros não têm consciência dele. As necessidades naturais e físicas são mais conhecidas e a todo momento falamos delas: sono, comida, roupa, etc. Mas ainda há as emocionais e as espirituais, igualmente importantes. Acredito que todas elas só Deus é efetivamente capaz de suprir. Ele é a fonte de todo recurso e provisão de que precisamos, porém, em sua grandeza, usa suas criaturas para nos suprirem nesses vários aspectos, além de também utilizar os relacionamentos para nosso amadurecimento. Deus usa os relacionamentos com outras pessoas para nos abençoar, e Ele deseja que entendamos como criá-los ou mantê-los de forma sadia.

A Bíblia fala do reino de Deus constantemente citando expressões e idéias ligadas à agricultura. Desde Gênesis, a Palavra de Deus revela que há uma lei no universo, da qual qualquer pessoa pode se beneficiar – até mesmo o diabo: "O que plantamos, é o que colhemos". Isso funciona em todas as áreas da existência. Temos à disposição inumeráveis tipos de semente: as das frutas, mas também palavras, atitudes, ações, dinheiro, reações, omissões, etc. Cada uma delas dará seu fruto correspondente, e nós os colheremos.

Há dois sistemas básicos nos quais podemos viver; ambos têm suas leis, seu código de ética, seus valores e sua conduta correspondente. Como cristãos, fomos criados para viver de acordo com o *sistema do reino de Deus*, não de acordo com o *sistema do mundo*. É preciso entender como cada um deles funciona, pois estamos semeando em um ou em outro. E qualquer semente que você plantar em seus relacionamentos, é o fruto dela que irá colher.

As quatro necessidades básicas que todo ser humano tem são as seguintes:

1. Aceitação: a necessidade de saber que se é amado e necessário para os outros.
2. Identidade: a necessidade de saber que se é um indivíduo único, significante e especial.
3. Segurança: a necessidade de saber que se tem provisão e proteção.
4. Propósito: a necessidade de saber que se tem uma razão para viver, que Deus tem um plano especial para cada um.

Deus usa nossos relacionamentos do convívio diário para suprir essas necessidades. Não são essas pessoas, propriamente, que nos suprem, pois são falhas, e muitas não podem dar o que não receberam; é Deus, em seu poder e de acordo com sua soberania, que atua por meio delas. Ele nos alcança por meio de um carinho, um elogio, um gesto de gratidão, de aceitação, por parte de alguém falho como nós para nos abençoar.

Muitas pessoas que eram referência para mim em minha infância não me supriram. Sim, elas falharam, mas não posso ficar amarrada a esse fato nem usá-lo como desculpa para não crescer. Não posso passar a vida reclamando de que não o fizeram – eu as perdoei e continuei caminhando. No caminho encontrei Deus, que me curou e me deu amigos e outros relacionamentos que foram usados para me curar e suprir. Sem dúvida, relacionar-se com pessoas não é fácil, é sempre um desafio, pois elas são diferentes, trazem consigo diferentes bagagens. Para que se estabeleçam relações de confiança é preciso que você não se sinta ameaçada pelos outros nem permitir que eles sintam isso em relação à você. Confiança é elemento fundamental para a comunicação eficaz e para os relacionamentos. Quando ela está presente, comunicamo-nos com facilidade, sem esforço, de modo espontâneo. Poderemos até cometer erros, mas as pessoas nos compreenderão por conhecer-nos, por captar o sentimento por trás de nossas palavras e atitudes, nosso desejo implícito no que fazemos.

Expectativa é outro fator relevante para os relacionamentos. Se é muito alta e irrealista, trará conseqüências catastróficas. Não espere que as pessoas sejam perfeitas. Fiz isso por vários anos (ou seja, semeei isso constantemente) e me frustrei muito, tive uma colheita amarga. Todos somos iguais, frágeis, falhos, e vez por outra cometemos erros. Faz parte do crescimento aprender isso e com isso. Esperar jamais ser machucado por alguém é pura ilusão. Ninguém em seu convívio humano diário é Deus – todas as pessoas são como você, sujeitas a falhas.

Tenho aprendido que melhor é não esperar nada e ser agradecida por tudo, mesmo pelos atos mais simples. Aprendi também que, quanto mais rápido perdôo, melhor para mim, pois mais rapidamente ficarei livre do fardo da mágoa, do ressentimento e da tristeza. Se não o fizer, ficarei carregando uma carga desnecessária, da qual colherei danos, mais cedo ou mais tarde. Você deve focar sua expectativa totalmente em Deus. Ele não falha jamais! Pessoas com quem você se relaciona podem ser *extensão* da presença de Deus, porém, nunca permita que elas sejam para você *substituição* de Deus, por causa de seu desejo de preenchimento de algum vazio, de suprimento de alguma dessas necessidades ou pela "certeza" de que elas nunca falharão.

Caso você confie e espere no outro mais do que em Deus, o relacionamento se tornará autodestrutivo e terminará, pois Deus é ciumento. O objetivo do relacionamento é compartilhar, é doar, é de, por vezes, ter uma aliança mais profunda, mas sempre olhando para Deus como o supridor primeiro de qualquer carência. "O meu Deus suprirá todas as necessidades de vocês, de acordo com as suas gloriosas riquezas em Cristo Jesus" (Filipenses 4:19). Creia nisso!

Relacionamento conjugal

Meu esposo é um presente de Deus. E não digo isso só porque ele está aqui do meu lado! De fato, ele é um presente muito carinhoso de Deus para mim. Não quero dizer com isso que nunca tivemos crises – e quão sérias foram! – ou que ele é perfeito. O caminho para chegar onde estamos hoje foi longo. No início, éramos como pedras pontiagudas, mas ao longo desses anos juntos fomos lixando um ao outro até nos tornarmos como pedras de rio: roliças, bonitas, sem ferir tanto a nós mesmos ou aos outros. Houve fases terríveis em que pensei que não ia sobreviver, que iria terminar me separando dele, como via acontecer com muitos casais a meu redor. Mas aos poucos, com a graça de Deus, aprendemos, crescemos e amadurecemos juntos, passando por experiências enriquecedoras, tanto de vales quanto de montanhas. Isso só fortaleceu nossos laços de amizade e nossa aliança. Ao longo dos nossos 29 anos de casamento, choramos e rimos juntos, crescemos nas crises, nas lutas e nas discórdias. Enfim, estamos felizes por estar juntos e dispostos a continuar assim por muito tempo.

Mas isso pode não ser o que acontece com você.

Talvez por anos a fio você arraste a certeza de que casou com a pessoa errada. Em sua mente a afirmativa "Nós não somos compatíveis!" grita, confirmando a você que não é possível continuar com esse casamento. Talvez você sinta que, em seu caso, não haja mais esperança. Que é o fim.

Deixe-me perguntar: quem é, de verdade, compatível com outra pessoa?

Levou algum tempo, mas, finalmente, descobri: *eu não casei com Deus*! Verdade! Meu esposo é humano como eu – para quem não sabe, isso significa ser cheio de defeitos. Não gosto de nenhuma das fraquezas dele até hoje. E ele não gosta das minhas. Mas quem gosta das fraquezas do cônjuge? O problema está em focar nos aspectos negativos, como se fossem tudo o que encontramos um no outro, ou esperar demais dos aspectos positivos, como se o outro fosse perfeito como só Deus é.

Hoje entendo que Deus me deu o melhor. O que preciso fazer constantemente é não fixar os olhos nas fraquezas, pois aquilo em que mantemos a atenção se tornará cada vez maior. Por isso, fiz uma escolha, que renovo todos os dias: focar meu coração nas virtudes de meu marido. E o resultado tem sido maravilhoso!

Vejo muitos casais infelizes e outros já separados, porque os cônjuges não conseguem aceitar o outro como é, não sabem lidar com as diferenças ou ainda esperam que o cônjuge suprirá o que não receberam dos pais. É uma pena, pois os problemas existem, sem dúvida, mas podem ser resolvidos. Casamento não é fácil para ninguém – nunca ouvi um testemunho sequer dizendo o contrário –, mas é muito bom! Se não fosse, Deus não o teria criado nem falaria tanto sobre ele em sua Palavra.

Um dos maiores problemas no relacionamento a dois se chama *egoísmo*. Eu sofri muito e causei sofrimento por causa disso. Casei muito nova, com 17 anos. Sempre que as coisas ficavam difíceis eu pensava em me separar, e isso aconteceu muitas vezes. Tinha muito ciúme, pois era muito insegura. Enfrentei vários problemas e responsabilidades para os quais não estava preparada. Os filhos vieram logo, e as dificuldades financeiras também. Além de tudo, queria meu marido só para mim – meu desejo era que ele me suprisse as necessidades que meus pais não supriram, pois as carências eram muitas. Acrescido a isso havia o fato de eu ter uma péssima percepção da vida. Para culminar, no plano natural eu e meu marido não tínhamos um padrão saudável de casamento no qual pudéssemos nos espelhar.

Casamento é um grande desafio, pois amar o outro com o amor de Deus é um aprendizado. Ninguém nasceu sabendo fazê-lo, nem mesmo após o novo nascimento. A cada dia se aprende algo novo, cada dia nos dá uma nova oportunidade de exercer o amor. E isso exige paciência e uma firme escolha diária: amar o outro precisa ser uma decisão pessoal. Não podemos confiar nos sentimentos, que são sempre oscilantes. A base sólida para o amor é a decisão de amar.

Outro grande desafio, por causa de seus reflexos em todas as áreas da vida, incluindo o casamento, é desfazer-se das bagagens do passado. Elas podem ser relativas à criação, a experiências profissionais ou emocionais, à influência de amigos, etc. Cada um dos cônjuges traz essa herança particular. As tradições de ambos precisam ser discutidas, a fim de estabelecerem um terreno comum, um ambiente pacífico em que construam o casamento.

Para isso, é necessário que haja comunicação entre o casal. Mas, em muitos casos, isso é quase impossível, por inúmeros fatores. A meu ver, nesses casos o recurso a ser usado é a oração. Especialmente você, mulher, deve refugiar-se na oração, pedir o socorro e a intervenção de Deus. Não tente resolver a falta de comunicação por sua própria força, exigindo que seu marido fale, fazendo chantagem emocional. Isso só piorará a situação. Busque socorro em Deus.

Também aprendi que, em momentos de dificuldade, devo ir à Palavra a fim de encontrar promessas sobre aquela necessidade específica e começar a declará-las. Mas há um fato importante aqui: declarar não é meramente dizer alguma coisa em voz alta. Antes de abrir a boca para declarar é preciso *crer*, é preciso fé real na Palavra de Deus. Tendo a fé como base, nossa palavra trará a promessa à existência, como lemos em Hebreus 11:1, "na certeza daquilo que esperamos".

Mas é necessário disposição a fim de fazer o que tiver de ser feito para que a harmonia e a paz estejam presentes no lar. Nada virá de mão beijada, minha amiga. Percebo um problema muito comum hoje na igreja: a preguiça. Encontro pessoas de braços cruzados esperando que problemas complexos se resolvam magicamente, como se isso fosse crer e esperar em Deus. As orientações que Jesus nos deu são muito simples, mas todas requerem perseverança e obediência para sua execução. Se você hoje se encontra numa situação delicada, não abandone o barco, não desista. Não digo que a solução será fácil, mas ela existe, com certeza. Tudo o que vale a pena na vida tem um preço a ser pago, e o casamento não é diferente.

Por muito tempo fiz de tudo para mudar meu marido, para que ele se encaixasse no que eu entendia ser a forma correta. Ele foi o objeto de incessantes orações e jejuns – ele estava sempre no topo da lista de intercessão. E eu era uma intercessora fervorosa! Um dia, ao me levantar, antes de colocar os pés no chão, escutei Deus me falando: "Eu estou tratando é com você, e não com ele!". Uau! Na lata! Pensei: "Tão cedo assim? Nem acordei direito, Senhor!". Mas não pude fingir que não havia entendido. O recado de Deus fora muito direto e claro. A partir daí comecei a entender o processo divino. Compreendi que, se eu mudasse minhas atitudes, conseqüentemente ele mudaria as dele. Sem dúvida, quando mudamos nosso modo de agir, o outro terá de mudar para se adaptar. Não há como tirar uma caixa da base de uma pilha de caixas sem que todas as outras tenham de se mexer e adotar uma nova posição.

O casamento foi instituído por Deus, nasceu no coração dele; por isso, tenho a plena convicção de que Ele tem a estratégia certa para que dê certo. A pessoa que está a seu lado, por mais dura que seja, tem um coração, e Deus pode mudá-lo. "O coração do rei [pessoa investida de autoridade; pode ser aplicado também a marido, patrão, etc.) é como um rio controlado pelo Senhor: Ele o dirige para onde quer" (Provérbios 21:1). Apenas confie em Deus e leve tudo a Ele em oração. "Quem tem medo das reações dos homens faz planos mentirosos para escapar; quem *confia* em Deus vive tranqüilo, pois sabe que está bem protegido" (Provérbios 29:25 – Bíblia Viva).

Exercite o perdão

> "Na prosperidade nossos amigos nos conhecem; na adversidade conhecemos os nossos amigos."
>
> – Collins

> "A amizade é como a saúde: nunca nos damos conta de seu verdadeiro valor até que a perdemos."
>
> – Charles Caleb Colton

> "Nunca se justifique. Os amigos não precisam e os inimigos não acreditam."
>
> – Autor desconhecido

A vida é como uma viagem de trem: cheia de embarques e desembarques, com surpresas agradáveis em alguns embarques, grandes tristezas em outros, o mesmo ocorrendo nos desembarques.

Ao nascer, entramos nesse trem e nos deparamos com algumas pessoas que, julgamos, estarão sempre na viagem conosco: nossos pais, por exemplo. Infelizmente, isso não é verdade. Em alguma estação eles descerão, deixando-nos órfãos de seu carinho, amizade e companhia. Mas isso não impede que, enquanto prosseguimos em viajar, pessoas interessantes e que virão a ser superespeciais para nós embarquem. Chegam, então, nossos irmãos, amigos e amores maravilhosos. Muitas pessoas tomam esse trem apenas a passeio, outras encontrarão na viagem somente tristezas, enquanto ainda outras circularão pelo trem prontas a ajudar a quem precisa. Há quem desça e deixe saudades eternas, enquanto existem os que desocupam o assento sem que ninguém os perceba – quando não geram suspiros de alívio, de "já vai tarde!".

Curioso é constatar que alguns passageiros, que nos são tão caros, acomodam-se em vagões diferentes dos nossos; por isso, somos obrigados a viajar separados deles – o que não nos impede, é claro, de atravessar com grande dificuldade nosso vagão e chegar até eles. Infelizmente, jamais poderemos sentar ao seu lado, pois já haverá alguém ocupando aquele lugar. Não importa! A viagem é assim mesmo: cheia de atropelos, sonhos, fantasias, esperas, despedidas, decepções, alegrias e mudanças, principalmente mudanças.

Façamos essa viagem, então, da melhor maneira possível, com disposição de nos relacionar bem com todos os passageiros, procurando, em cada um deles, o que tiverem de melhor. Não podemos esquecer que, em algum momento do trajeto, eles poderão fraquejar, e precisaremos entender isso, pois o mesmo poderá ocorrer conosco. Devemos torcer para que haja alguém que nos entenda e ampare. Os amigos fazem com que nossa estada no trem seja tranqüila, que tenha valido a pena e que, quando tivermos de descer, nosso lugar vazio traga saudades e boas recordações para os que prosseguirem.

O grande mistério da viagem é que jamais saberemos em qual parada nós e nossos companheiros, mesmo aquele que está sentado ao nosso lado, descerá. Fico pensando: será que, quando chegar minha hora de desembarcar, sentirei saudades dos que continuam a viagem? Acredito que sim. Separar-me de alguns amigos que fiz nele será, no mínimo, doloroso; deixar meus filhos continuarem sozinhos, com certeza será muito triste. Mas me agarro à esperança e à certeza de que, em algum momento, estarei na estação principal e terei a grande emoção de vê-los chegar com uma bagagem que não tinham quando embarcaram. E o que vai me deixar ainda mais feliz será pensar que eu colaborei para que ela tenha crescido e se tornado valiosa.

Ao desembarcar do trem, certamente encontraremos na grande plataforma pessoas que viajaram conosco ou chegaram de outros trens, todas as quais contribuirão sensivelmente para nosso crescimento no próximo trecho da viagem, em outro trem, com outros companheiros. Portanto, aproveitemos as lições de vida oferecidas na viagem, evitando cultivar inimizades e resolvendo quaisquer pendências antes de desembarcar. "Se Jesus nos recomendou amar os inimigos, imagine como nos compete amar os que nos oferecem o coração" (autor desconhecido).

Alguém já disse que "os amigos são a forma de Deus cuidar de nós". A glória da amizade não é a mão estendida, nem o sorriso carinhoso, nem mesmo a delícia da companhia. É a inspiração espiritual, que vem quando você descobre que alguém acredita e confia em você. Confie na atuação de Deus por meio de suas amizades. Algumas vão durar a vida inteira, outras são apenas passageiras; amigos chegados podem morrer, mudar de cidade ou de país, ou mesmo de maneira de ser. Esteja preparado para isso e aproveite ao máximo o tempo que Deus lhe permitirá estar com eles.

Em certo momento de minha vida, enfrentei uma situação bastante delicada, com uma pessoa amiga muito querida. Quando nosso relacionamento passou por uma crise séria e se rompeu, precisei depender totalmente de Deus, e Ele começou a trabalhar comigo em várias áreas. Hoje posso dizer que cresci muito na dor, na perda, no processo doloroso e lento de perdão. Com isso, aprendi que, quando Deus deseja trabalhar em alguma área de nossa vida, e nós aceitamos em obediência seu método, sua maneira de agir, o resultado é crescimento, é avançar para outro nível de conhecimento dele, de maturidade, de confiança. No entanto, se nos recusamos a passar pelo processo, sofremos mais e continuamos do mesmo tamanho, além de perdermos a oportunidade de ser abençoados em outros aspectos da vida. Hoje, quando olho para trás, posso ver algo lindo que Deus fez, e fico feliz com isso.

Por ocasião da dificuldade com minha amiga, Jesus me fez considerar a cena em que Pedro, seu amigo íntimo, o negou. Pedro pertencia ao grupo seleto dos três discípulos mais próximos de Jesus, e pisou na bola no momento em que Jesus mais precisou dele. O rude pescador disse enfaticamente, por três vezes, que sequer conhecia aquele tal Jesus que estava sendo interrogado e ridicularizado. O homem que dizia ser capaz de morrer pelo Amigo agora afirmava que nem o conhecia.

Mas Jesus o perdoou. Jesus não deixou de considerá-lo seu discípulo nem o descartou de seu grupo de amigos especiais. Jesus o acolheu de volta.

Enquanto eu sofria com a traição que sofrera, o Senhor me conduziu a relembrar esse episódio. E, de maneira suave, me disse: “Siga-me! Faça o mesmo que Eu fiz: perdoe!”. Dentro de mim surgiu uma imensa batalha. Eu relutei, rejeitei sua ordem, resmunguei, retruquei com Ele, pois tinha meus motivos, e eram muito fortes e justos! Mas finalmente eu me rendi. Vi que o melhor a fazer era obedecer, e foi o que fiz. E a paz veio!

Foi um longo processo, doloroso, difícil; por conta disso, tranquei-me para outras pessoas, feri quem não tinha culpa nenhuma daquilo. Mas hoje posso dizer que meu coração está livre, curado e aberto para novas experiências. Não digo que nunca mais vou me ferir, mas hoje tenho outros olhos e outra disposição para circunstâncias desse tipo.

Parece-me que nenhum ser humano está isento de sofrer decepções com amigos. O rei Davi escreveu: "Até meu melhor amigo, em quem eu confiava cegamente, me traiu! Quantas e quantas vezes nós comemos juntos!" (Salmo 41:9 – Bíblia Viva). Hoje entendo que boa parte da dor advinda da frustração vem do fato de confiar-se cegamente em alguém ou de esperar-se demais da pessoa.

Mas o mesmo Davi teve uma experiência de amizade oposta e muito gratificante. Jônatas, filho de Saul, foi seu grande amigo, e ali vemos um lindo exemplo de doação, integridade e lealdade, sem competição. Jônatas, que seria o futuro rei de Israel após seu pai, não se sentiu inseguro em reconhecer que Davi tinha sido escolhido por Deus e sido ungido para ser rei no lugar de Saul. Pelo contrário, ele o defendeu, mesmo com risco de morte, e lhe foi leal o tempo todo. Queira Deus nos presentear com amizades tais como essa!

Outro grande fator que transforma amizades em problemas é não aceitarmos a existência de diferenças e, por isso, não respeitá-las. "Grande parte da vitalidade de uma amizade reside no respeito pelas diferenças, não apenas no desfrutar das semelhanças" (Fredericks).

Sei que é óbvio, mas é sempre bom lembrar: *ninguém* é igual a você! Você nunca encontrará uma "alma gêmea". Isso não existe. Deus é criativo; Ele usou sua criatividade em todos os aspectos da natureza, e isso inclui o ser humano. Cada pessoa na terra tem uma personalidade, um temperamento único. Portanto, esperar que o outro aja e reaja como você em determinada situação é o mesmo que desejar ser frustrada.

Tenho uma amiga muito querida, mas de personalidade totalmente diferente da minha: ela é falante e extrovertida. Certa vez, conversando com ela, eu lhe pedi: "Quero que você guarde segredo do que eu vou lhe contar, ok? Você promete?". Ela respondeu: "Eu já estou guardando dois segredos, esse é o terceiro. Não sei se poderei guardar mais do que isso". Rimos bastante do comentário que ela fez. Ela foi muito sincera em sua reação, contrária à que eu teria, mas isso não foi motivo para que eu me magoasse.

Portanto, não perca de vista, em qualquer dificuldade com as relações afetivas, que toda criatura humana (mesmo você!) é um ser inteligente em transformação incessante, e, por vezes, a mudança das pessoas que amamos não acontece na direção de nossas próprias escolhas. Por isso, os conflitos. O amigo é uma bênção que nos cabe cultivar. A amizade verdadeira não é cega; ela enxerga os defeitos nos corações amigos, mas sabe amá-los, entendê-los e perdoá-los, se for preciso. Assim como espero que os amigos me aceitem como sou, devo, de minha parte, aceitá-los como são. Isso agrada o coração do Pai. E evita muita dor de cabeça...

Relacionamentos tóxicos

Um alerta: muito cuidado caso você esteja em um relacionamento – seja de amizade, conjugal ou familiar – em que a outra pessoa tem controlado e manipulado você. Não fique presa de forma errada a ninguém! Isso pode roubar seu foco, sua intimidade com Deus, seu propósito. Deus não lhe fez para ser escrava de ninguém, a não ser dele mesmo, e isso por amor e livre escolha.

Evite as armadilhas que podem levá-la a formas sutis de escravidão. Por exemplo, quando você fizer algo por alguém, faça-o com o coração livre de cobranças. Experimente não esperar nada em troca. Como já mencionei, Deus é quem recompensará você.

Mas quando você ajuda alguém esperando o pagamento, ainda que seja na forma de uma palavra de gratidão, isso é *manipulação*. E se você não obtiver o que espera, ficará, de certo modo, escravizada àquela pessoa, à sua indiferença, ingratidão, etc.

Outro problema sério encontrado em relacionamentos é o da dependência doentia. Há pessoas que são extremamente dependentes de outras, e há quem faça questão de que outros sejam dependentes de si. A origem normalmente é um lar problemático no qual a pessoa desenvolveu uma baixa auto-estima, o que a levou a desenvolver uma mentalidade de vítima. Se você identificar essa inclinação em você ou em algum conhecido, busque ajuda, antes que esse relacionamento tóxico a prejudique.

Outro extremo perigoso é o do relacionamento em que as pessoas desejam tanto agradar os outros que chegam ao ponto de não ter vida própria, vivendo sempre em função dos demais. Lembro-me de uma moça com quem conversei certa ocasião. Ela sofria terrivelmente com o comportamento do esposo, mas, de certa forma, precisava daquilo para viver. "Sofro, mas não consigo me ver livre disso", foi o que me disse durante o aconselhamento. Ela nunca viveu a própria vida. Quando criança, conviveu com o pai sempre bebendo. Após ter estudado e se formado, pensou que ficaria livre das humilhações que passou na infância. Casou-se com um homem maravilhoso que conheceu na faculdade, que tinha um pequeno defeitinho: bebia ocasionalmente. Ela supunha que isso se resolveria, mas ele, mais tarde, se tornou alcoólatra. E lá estava ela, casada, sem poder contar com o marido, mas também sem forças para resolver a situação. As crises enfrentadas eram muitas, assim como as promessas de mudança. Mas nada acontecia. Segundo meu ponto de vista, foi a falta de valor próprio aliada à baixa auto-estima e à dependência exagerada que levaram aquela jovem a isso.

Para impedirmos que esse tipo de dependência anormal se instale, precisamos aprender a receber e a fazer críticas. Um provérbio chinês diz: "Antes de disparar a flecha da verdade, mergulhe sua ponta no mel". Infelizmente, vivemos numa sociedade em que as pessoas não se preocupam muito com as palavras semeadas. Com a desculpa de que dizem a verdade, que falam o que pensam, não se importam se ofendem quem as ouve ou não. Comumente, quem faz mau uso das palavras é emocional e socialmente imaturo. Um cristão que anda com Deus e ama as pessoas, procurará sempre falar apenas de modo brando, mesmo quando tiver de falar a mais dura verdade.

Por outro lado, são também as pessoas imaturas as que se abalam por causa de comentários indelicados que ouvem. Mas se cultivarmos uma boa consciência diante de Deus e dos homens, essas coisas não nos atingirão. Não é incomum as pessoas dizerem coisas com o único propósito de ofender as outras ou para testar-lhes o caráter ou a paciência: "Você não gosta mesmo de trabalhar, né?"; "Gente, mas como você come!"; "Todo mundo sabe que você se casou com ele por dinheiro!". Às vezes, essas coisas são ditas por inveja, mas com freqüência seu objetivo é provocar uma reação negativa, fazer com que o outro perca o rebolado, irrite-se, exploda. Qualquer que seja o motivo, a melhor maneira de lidar com isso é sorrir e não levar em consideração o que se ouve, não dizer nada nem retrucar. Se tentar se defender ou se explicar, você estará frita. Se sua colega lhe disser: "Puxa, você deve ter gasto uma nota nesse vestido!", sorria e responda: "Pode apostar que sim. É que detesto coisas baratas!".

Em outras palavras: somente pessoas que pensam pequeno fazem comentários desagradáveis e se ofendem. Seja alguém que pensa grande e avança rumo à maturidade.

Família

Um jovem estava no centro da cidade, proclamando ter o coração mais belo da região. Uma multidão o cercou e todos admiraram seu coração. Não havia nele qualquer marca ou defeito. Todos concordaram que aquele era o coração mais belo que já tinham visto. E o jovem se encheu de orgulho.

De repente, saindo da multidão, um idoso senhor se colocou ao lado do jovem e perguntou:

– Por que o coração do jovem não é tão bonito quanto o meu?

A multidão e o jovem olharam para o coração do velho, que estava batendo com vigor, mas tinha muitas cicatrizes. Pedaços dele tinham sido removidos e substituídos por outros, que não encaixavam direito, causando muitas irregularidades ao coração, dando-lhe um aspecto desagradável. Em outros lugares, faltavam-lhe pedaços.

O jovem olhou para o coração do velho e disse:

– O senhor deve estar brincando!? Compare nossos corações: o meu está perfeito, intacto, enquanto o seu é uma mistura feia de cicatrizes e buracos!

– Sim – respondeu-lhe calmamente o velho –, é isso mesmo. Seu coração parece perfeito, mas eu não trocaria o meu pelo seu. Veja – disse, apontando para o próprio peito –, cada cicatriz representa uma pessoa para a qual dei meu amor. Tirei um pedaço de meu coração e dei a elas. Muitas deram-me também um pedaço do próprio coração para que eu colocasse no meu, mas, como os pedaços não eram exatamente iguais, há irregularidades. Mas eu as estimo, porque me fazem lembrar do amor que compartilhamos. Algumas vezes, dei pedaços do meu coração a quem não me retribuiu. Por isso, há esses buracos. Eles doem, sim. Ficam abertos, lembrando-me do amor que senti por essas pessoas... Um dia espero que elas retribuam, preenchendo esse vazio. Mas se não acontecer, ficarei contente por ter podido amá-las um dia.

Então, com um sorriso sereno nos lábios, voltou-se para o jovem:

– Meu jovem, agora você entende o que é a verdadeira beleza?

O jovem ficou calado e lágrimas lhe escorriam pelo rosto. Ele aproximou-se, tirou um pedaço de seu perfeito e jovem coração e o ofereceu ao idoso homem, que retribuiu o gesto. O jovem olhou para seu coração, não mais perfeito como antes, mas mais belo que nunca. Por fim, suspirou:

– Como deve ser triste passar a vida com o coração intacto...

Família é um excelente ambiente para provocar cicatrizes e buracos no coração. Sem dúvida, ela é presente de Deus, mas infelizmente pode ser também um agente de doenças emocionais. E isso afeta de maneira especial a nós, mulheres, que somos pura emoção. Coisas simples, que para um homem não seriam problema, podem provocar em nós uma grande ferida. Não há nada de errado nisso, em princípio. Apenas manifesta nossa natureza peculiar.

A família deveria ser um ambiente principalmente de amor curativo, encorajador, consolador; lugar de abrigo, de refúgio em tempos de dificuldades, de medos, de dores. No entanto, é com tristeza que constato que em muito poucos lares se pode encontrar essa situação ideal. Quantas mulheres frustradas com algum parente próximo já aconselhei! Quantas dores e sofrimentos profundos causados por familiares! E essa situação traz um grande perigo, pois as disfunções sérias que ocorrem nas famílias são causadas por pessoas feridas e abusadas que agora ferem outras e abusam delas.

Creio que a igreja tem um papel importantíssimo no enfrentamento de questões como abuso sexual e incesto, males que têm crescido assustadoramente em nossa sociedade – e, para nossa tristeza e vergonha, também em famílias ditas evangélicas. A igreja deve ser vista também como um grande hospital em que há médicos e enfermeiras dispostos a cuidar dos doentes, dos quais há muitos na emergência, outros em estado crítico no CTI. Convivemos todos e todos podemos, de alguma forma, nos ajudar mutuamente.

Vou abrir um pequeno parêntese para uma orientação muito prática. Sei que você, minha amiga, pode, por vezes, estar tão afligida por alguma situação familiar que é tentada a falar disso com qualquer um e na presença de qualquer pessoa, incluindo crianças. Não faça isso. Revelar seus problemas para desconhecidos ou comentar sobre eles diante de quem não tem condição alguma de ajudá-la não lhe trará benefício. Procure uma pessoa madura, de sua confiança, e abra o seu coração. Se você quer, de fato, resolver suas dificuldades, é preciso tomar essa precaução.

Como um livro de inspiração, mas também de formação de caráter, a Bíblia não omite as crises familiares enfrentadas por seus personagens, nem mesmo daqueles que são referenciais para nós em nossa caminhada cristã. Um caso extremo, e muito triste, é encontrado em 2 Samuel 13. Amnom e Tamar eram irmãos por parte de pai, filhos de Davi. Amnom, orientado por um primo, pede que a irmã o visite, violenta-a e a manda embora. O pai não toma providência alguma, mas apenas fica aborrecido. Isso trouxe uma frustração muito grande para a filha, para Absalão, irmão de Tamar, e para o restante da família. O resultado foi a morte de Amnom e a posterior rebelião de Absalão.

Algumas situações familiares são especialmente difíceis, incômodas, desagradáveis de serem enfrentadas, mas o melhor é encará-las, resolvê-las e não adiar isso. Se você foi vítima de alguma situação semelhante, busque a ajuda de Deus, mas também externa. Deus a entende e aceita, e com certeza você poderá contar com sua ajuda. Mas se você preferir fazer de conta que o problema não existe, seu coração ferido ficará impedido de desfrutar do melhor de Deus, da intimidade dele, de sua cura e libertação, e você ficará limitada em seu crescimento emocional, espiritual e pessoal. Talvez você não saiba explicar suas dificuldades em seu trabalho, com os colegas de trabalho ou de escola, mas verifique se isso não é conseqüência de suas experiências não-resolvidas do passado que têm batido à porta de sua vida, cobrando solução. Se for o caso, enfrente corajosamente o problema, recorra a quem possa efetivamente ajudá-la e resolva! Então, você desfrutará do melhor de Deus.

Na família há outro procedimento comum, mas muito perigoso, que é a preferência paterna ou materna por um filho. Um episódio na Bíblia ilustra isso muito bem. José enfrentou muitos problemas ao longo de anos por causa da preferência do pai por ele. Isso despertou o ciúme de seus irmãos, que os impulsionou a uma ação dramática: eliminar o irmão (cf. Gênesis 37). Em lugar de matá-lo, optaram por vendê-lo como escravo para uns mercadores. Toda a história estava sob o controle de Deus, mas, sem dúvida, houve muito sofrimento e dor desnecessários. Outra história bíblica nos mostra Isaque e Rebeca e seus dois filhos: o pai amava o primogênito, Esaú, e a mãe, o filho caçula, Jacó. Essa predileção quase acabou em desgraça entre os irmãos e, mais uma vez, trouxe muito tempo de sofrimento para todos. Portanto, se você é mãe, cuide para que não haja no lar qualquer mostra de preferência por um dos filhos em detrimento do outro. Evite palavras de comparação entre eles. Ame sua família, doe-se, respeite as diferenças entre os filhos, busque a sabedoria de Deus e dependa dele para edificar sua casa (Salmo 127:1).

Capítulo 5

O lugar do dinheiro

"Se você confiar no seu dinheiro, sua vida será um fracasso! Confie em Deus, e sua vida será bela e vibrante como uma árvore a crescer."

– Provérbios 11:28 (Bíblia Viva)

"O dinheiro poderá comprar todas as coisas para minha família, mas não seu amor."

– Autor desconhecido

João trabalhava das 6h às 23h em seus dois empregos, de segunda a sábado. Chegava toda noite exausto em casa, sem paciência, sem disposição para conversar. Ele não viu os filhos crescerem nem percebeu a necessidade e a solidão da esposa. Assim, perdeu a família, e demorou para perceber isso, pois saía antes das 6h e só voltava depois das 23h, sempre cansado, sem notar que as pessoas já não estavam ali.

João acreditou piamente que o dinheiro seria a forma de dar segurança a seus queridos, que lhes daria conforto, status, sucesso e, por conseguinte, felicidade. Mas nada disso aconteceu. João não conseguia entender em que havia errado, já que fizera seu melhor, fizera o máximo, fizera o que achava certo. Mas João não tinha tempo para pensar nisso, pois antes das 6 horas já precisava saltar da cama para mais um dia de trabalho, para mais uma jornada em busca de dinheiro...

João ainda não sabe que contentamento autêntico só se tem ao obter as coisas que o dinheiro não pode comprar.

Aprendi uma coisa ao longo do tempo: as coisas que o dinheiro pode comprar são *boas* – quem não gosta de roupas boas, de uma casa grande e confortável, viajar para o campo ou para a praia nas férias, conhecer lugares novos? –, mas as coisas *valiosas* ele não pode comprar. Ele pode comprar uma casa, mas não um lar; uma cama, mas não uma boa noite de sono; companhia, mas não um amigo; prazer, mas não felicidade, um tempo divertido, mas não paz de espírito; medicamentos, mas não saúde.

O dinheiro é um assunto muito importante, e você, minha amiga, precisa lidar com ele de modo sério e definido. A exagerada busca pelo sucesso financeiro por parte de muitas mulheres é sinal de que elas têm confiado na posse de dinheiro como garantia de um *padrão de vida* melhor. Talvez você até alcance isso, mas eu lhe assevero que isso não lhe dará a certeza de mais *qualidade de vida*.

Quase toda mulher que conheço tem uma nota escondida para uma emergência na carteira, num pote na cozinha ou em algum outro esconderijo. Não é errado você manter uma reserva para situações inesperadas, desde que você não confie nela como sua fonte de suprimento. Aprendi que o que agrada o coração do Pai é depender dele em todas as áreas da vida. Se você deseja trilhar o caminho da vitória com Deus, faça isso também!

Por muito tempo eu guardei dinheiro escondido na carteira, mas sempre aconteciam emergências, como não ser possível passar no banco, e meu esposo ou um de meus filhos me pediam o dinheiro. Era sempre por algum motivo justo, mas eu ficava brava, enfurecida, pois nunca podia gastar comigo mesma. Não era para esse tipo de emergência que eu o estava guardando!

Tenho uma amiga nos Estados Unidos que sempre fazia o mesmo. Em certa ocasião, ela tinha também alguns vales-presente de lojas de roupas que ganhara de aniversário. Ela estava toda feliz, sonhando com as compras que faria. Ela estava participando de uma conferência e, no momento da oferta, sentiu Deus lhe pedindo para semear tudo aquilo na vida de pessoas específicas e que deveria acompanhá-las nas compras! Ela não ficou muito feliz com a orientação de Deus, tentou se esquivar, mas, por fim, obedeceu. Sei que foi uma semeadura difícil, no entanto, mais tarde, ela recebeu muito mais em presentes.

Deus está sempre nos testando, a fim de descobrirmos em que temos depositado nossa confiança. Em certo momento de minha vida, pedi ao Senhor que Ele me desse sensibilidade para ouvi-lo, para saber o que Ele queria de mim. Comecei a ouvir dele palavras bem claras em relação a ofertar, por exemplo. Confesso que, algumas vezes, é com muito pesar que faço o que Ele me manda, mas, em outras, fico feliz, muito feliz. Em todas elas, porém, o resultado é sempre ter paz em obedecer a Deus. Em obediência a Ele, já semeei dinheiro, jóia, presente e serviço na vida de várias pessoas. Essa é uma forma simples de revelarmos onde está nosso coração e quais são as nossas verdadeiras intenções.

O pai da fé, Abraão, foi provado de modo parecido. Deus lhe pediu Isaque, mas não foi com alegria que ele subiu ao monte Moriá para oferecer seu único filho – ele foi em obediência. E Deus o exaltou por isso. O mesmo aconteceu quando o jovem rico foi até

Jesus e lhe perguntou o que poderia fazer de bom para ter a vida eterna. A resposta foi que deveria obedecer aos mandamentos, ao que redargüiu dizendo que já o fazia. Então Jesus acrescentou: "Se você quer ser perfeito, vá, venda os seus bens e dê o dinheiro aos pobres, e você terá um tesouro nos céus. Depois venha e siga-me". O jovem afastou-se triste, porque tinha muitas riquezas e não estava disposto a se desfazer delas (Mateus 19:16-22).

O problema não é seu dinheiro, mas onde está seu coração. No que você confia? Qual tem sido seu Deus? Onde está seu tesouro, ainda que seja uma nota escondida na carteira, aí está seu coração (Mateus 6:21).

O dinheiro é apenas uma ferramenta para abençoar pessoas; ele não é Deus nem é um fim em sim mesmo. Por isso, não coloque sua confiança nele. Todas passamos por testes com relação à atitude com o dinheiro: quando temos algum e quando não temos nenhum, como tratamos as pessoas que têm e as que não têm, como lidamos com as contas para pagar quando temos e quando não temos, como é nossa semeadura em tempos de abundância e em tempos de escassez... Essas situações todas servem apenas para trazer à luz o que está em nosso coração, para revelar em quem confiamos.

Deus me ensinou que toda vez que tenho uma necessidade, devo semear. Meu suprimento está em minha generosidade, não em meu salário. Hoje é o que faço, mas não foi sempre assim. Eu era muito avarenta e muito egoísta; tinha muito medo de dar qualquer coisa e depois me faltar. Comecei a dizimar por mera obediência, pois nunca senti o menor desejo de dar 10% de meu salário para um ministério, nunca senti vontade de ofertar espontaneamente, e só o fazia quando ouvia um apelo que me constrangesse muito. Graças a Deus minha disposição interior mudou. Tive de aprender a ser generosa. Hoje sei que meu sucesso financeiro depende da atitude de coração que tenho em relação a dar, se obedeço aos mandamentos bíblicos e se sou responsável com o dinheiro que passa por minhas mãos.

A parábola dos talentos reflete essa verdade (Mateus 25). Os servos receberam valores diferentes, supostamente quantias que tinham capacidade de administrar. Deus a ama; por isso lhe dará apenas o quanto você está capacitada a gerir. Um pai em sã consciência não dará uma nota de cem ao filho de um ano, já que este a colocaria na boca ou rasgaria. Ele não tem maturidade suficiente para saber o valor daquele pedaço de papel. Algo semelhante acontece conosco muitas vezes: apesar de sermos adultas, não sabemos o "valor do dinheiro" e o utilizamos de maneira errada, desperdiçando-o ou retendo mais do que o devido. Precisamos, portanto, da orientação divina também nessa área tão complexa e importante.

Em 1Timóteo 6:17-18 (Bíblia Viva) lemos uma importante exortação do apóstolo Paulo:

> "Diga àqueles que são ricos que não se orgulhem disso nem confiem no dinheiro, que logo acabará, mas que seu orgulho e sua confiança devem estar no Deus vivente que sempre dá abundantemente tudo quanto necessitamos para a nossa satisfação. Diga-lhes que utilizem o dinheiro para fazer o bem. Eles devem ser ricos em boas obras e devem dar com alegria aos que estão em necessidade."

Prezada leitora, o relacionamento errado com o dinheiro manterá você longe de Deus. Seu coração precisa estar em Deus, não no que você possui. O sistema financeiro de Deus é bem diferente daquele praticado no mundo. No mundo você precisa reter para obter – dar está fora de cogitação. Mas, de acordo com Deus, quanto mais você dá mais você recebe. O desejo dele é que você se torne um centro de distribuição. Ele lhe dá e você distribui, assim Ele lhe dá mais, pois pode confiar em você. Deus considera onde está nosso coração. Quando confiamos no dinheiro, geralmente seremos brindados com decepção. O lado bom é que isso fará você buscar e aprender a depender somente de Deus. O desejo maior de Deus não é somente suprir suas necessidades, mas que você desfrute da vida com sabedoria, com o coração voltado para a vontade dele. Confiança em Deus e entrega absoluta são a expressão de seu compromisso com Ele, de seu desejo de viver de um modo que o agrade. Quando isso acontece, seu coração se sente seguro e em paz.

A sabedoria e a prudência protegem o futuro do homem

A Bíblia traz orientações muito claras e simples sobre isso. Segui-las é sinal de sabedoria.

> "Não inveje o sucesso dos pecadores; ame e obedeça ao Senhor com toda *confiança*, porque Ele lhe dará um futuro alegre e cheio de paz. Você nunca ficará decepcionado *confiando* no Senhor!"
>
> Provérbios 23:16-18 – Bíblia Viva

Capítulo 6

Não se preocupe, coloque Deus no controle

"O que eu temia veio sobre mim; o que eu receava me aconteceu."

– Jó 3:25

Em 1999, minha mãe veio me visitar na Flórida, onde eu morava na época. Eu estava feliz com a presença dela, mas numa manhã percebi que ela estava ansiosa e angustiada com alguma coisa. Perguntei-lhe qual era o problema, e ela me contou uma história desconhecida para mim até então.

– Você sabe o que aconteceu com sua avó?

– Sim, ela morreu muito nova!

– Não falo disso! Sua bisavó morreu quando tinha 56 anos, com câncer no intestino; sua avó morreu aos 56 anos, com câncer no intestino e... você sabe, vou completar 56 anos... e estou com medo do que pode acontecer! Apareceu um pequeno caroço no meu seio e...

– De forma alguma isso vai acontecer! – eu lhe disse, interrompendo-a com vigor, furiosa por ela ter abrigado aquele pensamento.

Então, chamei meu esposo; nós a ungimos com óleo e oramos naquela manhã, quebrando a herança maldita de família. Depois, declaramos a bênção de Deus sobre ela e seus descendentes e profetizamos que a maldição seria quebrada e anulada naquele momento.

Minha mãe completou 56 anos e... 57, 58, e muitos outros. Ela está forte e saudável com seus 65 anos bem vividos. Se ela continuasse esperando e temendo o mal, certamente ele viria sobre a vida dela.

A fé e o medo operam da mesma forma: ambos são produzidos pelo ouvir. A fé vem pelo ouvir a Palavra de Deus, enquanto o medo é produzido por ouvirmos a palavra do diabo. Palavra e informações geram fé ou medo. Com qual dessas fontes você tem gasto mais tempo?

Vamos ver um exemplo de como ambas as fontes funcionam e o que geram. A Palavra de Deus constrói sua confiança nele, por apresentar-lhe quem Deus é, o que deseja, do que é capaz. O diabo, por sua vez, usa principalmente a preocupação para criar medo: ao fazer com que você se preocupe, ele o convence de que Deus é incapaz e indigno de confiança. A preocupação faz com que coisas insignificantes se tornem enormes, insolúveis, levando você a pensar que nem mesmo Deus pode resolvê-las. Então, você sucumbe pelo medo de coisas pequenas, sem importância, pois elas fizeram com que seu coração desconfiasse de Deus.

É evidente que você sempre enfrentará dificuldades, e Deus não se surpreende com isso. Seu desejo, porém, é que você esteja livre de *preocupações*, vivendo em paz e feliz, com o coração descansado nele. Muitas mulheres estão cansadas não de trabalhar, mas de se preocuparem – a mente não pára, produzindo um corpo cansado e uma mente estressada. Você precisa dar férias à mente!

A melhor maneira de fazer isso é descansar na certeza de que Deus vai cuidar de você e de tudo que lhe acontece. Quando descansa de verdade em Deus, você fica tranqüila, livre, sente-se bem, em paz. Seu cuidado excessivo consigo mesma rouba de você a oportunidade de viver de verdade. Diga-me: se você soubesse, com absoluta certeza, de que a situação que está vivendo hoje estaria resolvida em exatamente seis meses, o que faria? Com toda certeza, permaneceria tranqüila e desfrutaria a vida, não é verdade? Pois saiba que é justamente isso que vai acontecer! Eu não sei, porém, se em seis meses, ou se será em mais ou menos tempo, mas sei, com absoluta certeza, que cedo ou tarde as coisas se resolvem, de acordo com a vontade de Deus. E, muitas vezes, o ruim, a desgraça, a tragédia final, que você tem convicção de que acontecerá, não ocorre. Você ferveu os miolos à toa, perdeu noites de sono à toa, perdeu tempo... Portanto, descanse em Deus desde já! Não se alimente das mentiras do diabo que quer encher seu coração de preocupações.

Onde há preocupação não há fé, onde há fé não há preocupação. Simples assim!

Preocupação é a porta de entrada para o medo. E os motivos para medo são intermináveis. Vivi por muito tempo sofrendo entre sentimentos opostos. Em determinado período, eu me angustiava com não ter o que comer ou o que vestir, com não ter o necessário para as despesas normais da casa. Eu tinha desejo de ter algumas coisas para mim ou para a casa (coisas de mulher!) e de comprar algo para meus filhos, mas tinha a crença de que Deus tinha me destinado à pobreza. Era um sentimento indefinido, porém extremamente real e forte, de não ter direito a algumas regalias na vida. E isso durou muito tempo.

Mas, por vezes, eu estava no outro extremo. Em períodos de tranqüilidade financeira, eu me sentia culpada por adquirir mesmo as coisas mais simples e banais, de necessidade pessoal. Imagine o drama de consciência quando eu comprava alguma coisa maior! Lembro-me quando adquiri minha primeira casa própria, com três carros na garagem – eu não conseguia conviver com a culpa! O medo de ficar rica me apavorava. Eu não me sentia na liberdade de ter nada daquilo, e isso me roubou a paz e a alegria.

Depois de algum tempo é que consegui entender que, se minha alma não é prospera, jamais conseguirei vencer essas crenças errôneas, tanto em um extremo quanto no outro. Hoje estou curada disso. Entendi o que é a verdadeira prosperidade, e eu a desejo. Se quero o melhor para meus filhos, tanto mais Deus o deseja para mim, que sou sua filha. Prosperidade é ser íntegro – ter corpo, alma e espírito acertados com Deus –, é desfrutar de forma integral e abundante da vida que Ele oferece. De nada adianta ter um milhão na conta e não ter saúde, ou ter saúde e bons relacionamentos, mas estar sem dinheiro para pegar o ônibus a fim de trabalhar ou não ter casa para morar. Acredito muito que a vida tem estações – por vezes de abundância, outras, de restrição –, mas precisamos estar prontas para todas, a fim de não ficarmos detidas em nenhuma delas, supondo que são a situação final de nossa vida.

Talvez você sofra como eu sofria por sempre esperar o pior: "Quando vai acontecer a falência? Quando meu marido vai pedir o divórcio? Quando aquele ente querido vai morrer? Quando meu filho vai começar a usar drogas? Quando vai chegar minha vez de ser acometida por aquela doença que toda a família tem?". Em certo sentido, tudo isso é fé, pois é uma expectativa, praticamente uma certeza de que aquela tragédia vai acontecer. Mas desse tipo de fé você precisa ser libertada. Você precisa rejeitá-la! A Bíblia diz que "fé é a certeza daquilo esperamos" (Hebreus 11:1). É, portanto, a convicção segura de que alguma coisa vai acontecer. O problema está aqui: o que origina sua fé? Então, voltamos ao que foi citado no início do capítulo: a Palavra de Deus gera fé em Deus, enquanto as preocupações geram fé no diabo, na certeza de que tudo dará errado. Você tem de escolher a fonte de sua fé, tem de escolher se ela vai lhe conectar com o que é positivo ou com o que é negativo. A fé é apenas um canal, um condutor, que traz até você aquilo que escolheu receber. *Você*, e *apenas você*, define no que deseja crer e, em conseqüência, o que espera que aconteça.

A ansiedade rouba seu potencial

Um turista visitou certa catedral na qual um artista trabalhava em um mosaico enorme. O pequeno homem estava diante de uma vasta parede vazia, trabalhando com os pequenos pedaços de cerâmica numa pequena área. O turista, admirado do quão longe o trabalho estava do fim, perguntou ao artista:

– Você não fica preocupado ou desanimado com todo esse espaço que você ainda precisa cobrir? Você sabe quando vai conseguir terminar?

O artista olhou para ele com humildade, mas de modo resoluto:

– Eu só sei o que posso fazer a cada dia. Toda manhã, antes de começar a trabalhar, determino a área que farei naquele dia. Então, coloco toda a minha atenção naquele espaço marcado, e não me permito preocupar com o que ainda falta. Eu vivo um dia de cada vez. Por fim, um dia o mosaico estará terminado. Agora, com licença. Preciso trabalhar...

Sua vida é como aquela grande parede. E você sempre tem uma decisão a tomar. Então, ou se detém preocupando-se com o enorme quadro que tem de criar, com o que ainda precisa ser feito, ou simplesmente começa a preenchê-la, um dia de cada vez, uma pecinha de cada vez, uma imagem maravilhosa após a outra, fazendo o melhor que pode a cada dia, de acordo com o que Deus lhe capacitar. E, ao final, quando menos esperar, você terá montado o mais lindo, perfeito e admirável mosaico que o mundo já viu! Você é única, você é singular, você é especial, você é vitoriosa! Portanto, sua obra será incomparável!

A preocupação lhe impede de viver cada dia a seu tempo. A ansiedade rouba seu potencial de crescer, de amadurecer, de ser mais. Eu sofri bastante com isso, até começar a ser libertada por Deus. Eu não conseguia viver sem estar preocupada, atormentada ou ansiosa com tudo, mesmo com as coisas mais simples. Eu e meu marido viajávamos muito, e isso para mim era sempre sinônimo de estresse: eu já saia de casa preocupada em perder o vôo, depois ficava tensa em todo o trajeto até o aeroporto e, por fim, quando me sentava no avião, estava exausta. E o mais incrível é que as coisas não se resolviam só porque eu me preocupasse com elas! Não é impressionante?

Foi então que descobri o óbvio: é impossível viver preocupada e ansiosa e em paz ao mesmo tempo. É impossível confiar em Deus e viver ansiosa ao mesmo tempo. Como estou num processo de crescimento, tenho aprendido a descansar em Deus, em confiar a Ele minhas preocupações. E tenho encontrado paz e motivo de louvor. Agora, quando temos de viajar, faço o trajeto assobiando baixinho, cantarolando e declarando "Tudo vai dar certo, em nome de Jesus!".

Preocupar-nos nos deixa exaustas, por causa da repetição contínua de um mesmo pensamento. E tudo que ganhamos com isso é dor de cabeça, rugas, peso nas costas e em torno da nuca, úlcera e várias outras coisas desagradáveis. Você vai concordar comigo que ninguém precisa disso, não é? Com certeza, é muito mais simples seguir o conselho de 1Pedro 5:6-7: "Portanto, humilhem-se debaixo da poderosa mão de Deus (...) Lancem sobre ele toda a sua ansiedade".

"Mas o que devo lançar sobre Ele?" Comece com aquilo que está incomodando você exatamente agora. O resultado é maravilhoso, eu lhe asseguro!

Capítulo 7

Como você se comporta na crise?

"A cana só dá o açúcar depois de passar por grandes apertos."

– Dinamor

"Se você vacila no dia da dificuldade, como será limitada a sua força!"

– Provérbios 24:10

A história de John P. Foppe me emociona, encoraja e desafia. Ele tem sete irmãos, trabalhou enquanto fazia faculdade, concluiu-a em três anos e meio e se formou com louvor. Em 1993, a Câmara Júnior do Comércio dos Estados Unidos o escolheu como um dos dez mais notáveis jovens da América. Hoje ele tem uma empresa de treinamento profissional e constantemente recebe convites para falar para diferentes platéias, como escolas, igrejas e grandes empresas.

"Mas", você deve estar se perguntando, "o que isso tem de mais? Os Estados Unidos devem estar cheios de jovens como ele!". Isso seria verdade se não fosse um detalhe: John nasceu sem os braços.

John é capaz, auto-suficiente e cheio de senso de humor. Ele se barbeia, faz o próprio café, frita ovos e bacon e tudo o mais que todos fazem no dia-a-dia. Vê-lo dirigir um carro é impressionante. E, como se não bastassem todas essas habilidades, ele é também um talentoso desenhista.

Como lhe foi possível atingir tal grau de maturidade, de independência e de desenvolvimento? John tinha 10 anos quando a mãe, compreendendo que algum dia ele teria de sair de casa e viver sozinho, contra seu próprio instinto, acabou com toda a ajuda que ele recebia dos irmãos. Sem dizer uma palavra, ela pôs um jornal diante dele com a história de uma menina que não somente não tinha braços, mas a quem faltavam também os pés. "Nesse dia", diz o próprio John, "comecei a pensar no que eu tinha, e não no que não tinha". Naquele momento, ele decidiu crescer e amadurecer.

Os pais tinham duas opções quanto à maneira de lidar com o estado físico do filho: ou tratá-lo como um coitadinho, que sempre dependeria dos outros, ou permitir-lhe crescer, superando as próprias limitações. A mãe, uma mulher realmente admirável, decidiu não permitir que a condição física do filho se transformasse em problema insolúvel. Assim, o menino foi forçado a ser extraordinariamente criativo e extremamente paciente. Em muitas ocasiões, foi obrigado a empregar uma quantidade incrível de coragem e de sabedoria. Seus limites físicos eram muito evidentes, os limites mentais poderiam ser infinitamente maiores, mas ele os venceu a todos.

Toda crise, adversidade ou circunstância desfavorável, tem um benefício equivalente, tem uma bênção implícita, traz consigo uma oportunidade de Deus abençoar. Talvez no exato momento em que estamos sofrendo não consigamos ver utilidade no que nos acontece, mas "sabemos que Deus age em todas as coisas para o bem daqueles que o amam, dos que foram chamados de acordo com o seu propósito" (Romanos 8:28). O importante é a *atitude* que temos quando enfrentamos uma crise.

Insanidade ou estupidez é fazer sempre a mesma coisa e esperar resultados diferentes

Gosto muito dessa frase dos Alcoólicos Anônimos, pois ela é a mais absoluta verdade.

Eu agi dessa forma muito tempo sem perceber. Esperava resultados diferentes, mesmo confiando apenas em mim mesma, no meu modo de sempre fazer as coisas. Minha experiência até aquele momento dizia-me que confiar nos outros era um risco. Eu preferia acreditar nas crenças que sustentava. Foi difícil reconhecer que elas não estavam dando muito certo, e que o resultado era sempre frustrante.

Os momentos de dificuldade são sempre propícios para revelar em quem, de fato, você confia, onde coloca seu coração. Quando as coisas parecem sem solução aos olhos naturais – quando o dinheiro fica escasso e sua conta no vermelho, quando a pessoa que você ama lhe troca por outra, quando sua amiga de confiança lhe trai, quando a terra some debaixo de seus pés, quando um filho toma um caminho errado, diferente do que você sonhou para ele – qual é o primeiro pensamento que vem a sua mente? Esse pensamento revela em quem está sua confiança.

Cada pessoa reage às situações de maneira peculiar, de acordo com aquilo que está assentado em seu coração. Vejamos alguns exemplos bíblicos. Na crise, Pedro cortou a orelha do servo do sumo sacerdote e, depois, negou Jesus. Os discípulos, quando Cristo foi preso, fugiram. Eram pessoas que confiavam na própria capacidade de ser fiel ao Senhor, mas, quando isso foi provado, descobriram-se falhas e covardes. Jesus, por outro lado, sempre tinha paz e descanso na vontade do Pai. Durante uma severa tempestade, Ele dormia com a cabeça no travesseiro ensopado pela água que enchia o barco. Na noite em que foi traído, no Getsêmani, Ele orou até suar gotas de sangue, e cedeu sua vontade ao Pai.

Portanto, já deveríamos saber que não é sábio insistir em depender somente de nossas próprias forças para enfrentar as adversidades. O resultado vai ser sempre o mesmo: derrota, insuficiência, impotência, frustração. Se você deseja ser, de fato, uma mulher vencedora, tome esta firme decisão: não importa o que aconteça, confie em Deus absolutamente.

Sempre passaremos por períodos escuros, difíceis e de perplexidade. Jesus disse: "Neste mundo vocês terão aflições" (João 16:33). Esse é um fato do qual ninguém pode fugir. Assim, é melhor estar pronta para isso, e ficar firme e perseverar. A crise que você está enfrentando vai passar, tenha certeza. Elas são como as estações, que vêm e vão, preparando a natureza para a próxima. Vejo muitas pessoas vivendo uma utopia, pensando que a vida é fácil, que nunca haverá problemas, que Deus dará uma solução mágica para tudo. Tolice! Se você for dura com a vida, ela será mole com você. Tenha uma atitude vencedora, firme, decidida. Do contrário, você sempre estará frustrada com alguma coisa, com alguém, com você mesma ou até com o próprio Deus. Faça como Davi: dê uma sacudida em sua alma – "Por que você está assim tão triste, ó minha alma?" –, dê uma ordem a ela – "Ponha a sua esperança em Deus" – e declare sua certeza de fé – "Pois ainda o louvarei" (Salmo 42:5). Então, seu coração descansará no cuidado sempre presente de Deus.

Capítulo 8

Intimidade com o Pai

"Não abram mão da confiança que vocês têm; ela será ricamente recompensada."

– Hebreus 10:35

"Cada palavra que Deus falou é verdadeira. Ele sempre protege todos os que confiam nele."

– Provérbios 30:5 (Bíblia Viva)

Durante a época dos terríveis ataques aéreos na Segunda Guerra Mundial, certo pai fugiu de um prédio que havia sido atingido por bombas, segurando a pequena filha pela mão. No pátio do edifício havia uma enorme cratera produzida por uma explosão, alguns dias antes. Procurando encontrar um abrigo o mais rápido possível, o pai pulou na cratera e levantou os braços, chamando a filha, para que ela pulasse também.

Apavorada, por causa das explosões ao seu redor, e sem poder enxergar o pai na escuridão da cratera, a menina gritou:

– Não consigo ver você papai!

O pai olhou para cima em direção ao céu, que estava iluminado pelo clarão dos edifícios em chamas, e gritou para a filha, em pé à beira da cratera:

– Mas eu posso ver você, querida. Pule!

Encorajada pelo que ouviu, a menina pulou, não porque houvesse enxergado o pai, mas porque confiou, sabendo que ele dizia a verdade e fazia o que era melhor para ela. A confiança superou o medo.

Talvez você não consiga discernir claramente onde seu Pai celestial a está conduzindo, mas pode ter certeza de que é para um bom lugar. Ainda que você desconheça o que Ele lhe tem reservado, saiba que seus braços são infinitos e seus propósitos são eternos! Portanto, a vitória não está em você ter toda a vida sob seu controle, sabendo com exatidão o que acontecerá a seguir; antes, ela reside em lançar-se nos braços de Deus, atendendo ao seu chamado para que você confie nele.

Muitas pessoas dizem amar a Deus e crer nele, mas apenas poucas confiam de fato nele, como ilustrado pelo exemplo da menina. Há uma diferença grande entre fé e confiança. Voltando à história da menina, podemos dizer que fé é saber, sem sombra de dúvida, que o pai está lá, de braços abertos, mas confiança é tornar prática a fé, saltando no escuro para ser recebida por ele. Ou seja, se você ficar agindo apenas na fé ainda não experimentará os resultados da confiança. Mas, se aprender a confiar em Deus, você será capacitada e abençoada para agir em um nível mais elevado em todos os aspectos de sua vida.

É preciso aprender a deixar Deus ser Deus, a fazer da maneira dele. Temos a tendência de achar que nosso jeitinho de fazer as coisas é sempre o melhor. Mas com certeza não é – o Senhor, sim, é que sabe como agir, mesmo que nos pareça estranho ou sem padrão. Em certa ocasião, Jesus curou um cego cuspindo na terra e aplicando-lhe nos olhos o lodo feito, enquanto a outro Ele curou dizendo: "Eu quero que você seja curado!". Vejo muitas mulheres frustradas por Deus não agir do modo como esperavam. Então, desesperam-se, revoltam-se contra Deus ou, o que é ainda pior, tentam ajudá-lo dando um "jeitinho". Sara fez isso quando viu que o tempo passava e a promessa de ter um filho não se cumpria. Então, ela *deu* o marido, Abraão, para Agar, sua serva, a fim de que o filho viesse. O resultado foi desastroso, com conseqüências que perduram até nossos dias.

Minha amiga, nunca se esqueça: se Deus fez uma promessa a você, Ele é fiel para cumpri-la. E vai fazê-lo – a seu tempo e a seu modo.

Confiar em Deus é a grande chave para a vitória, para a prosperidade em todos os aspectos da existência. O profeta Jeremias declarou isso ao dizer: "Bendita é a mulher cuja confiança está no Senhor! Ela será como uma árvore plantada junto as águas e que estende as suas raízes para o ribeiro. Ela não temerá quando chegar o calor, porque as suas folhas estão sempre verdes; não ficará ansiosa no ano da seca nem deixará de dar fruto" (17:7 – paráfrase). Você quer ser como a mulher descrita nesse versículo, sempre vigorosa e frutífera, não importa o que aconteça a seu redor? Então, aprenda a confiar em Deus absolutamente.

Mas precisamos de uma palavra de equilíbrio aqui. Confiar em Deus não significa cruzar os braços ou viver de qualquer maneira, na certeza de que, ao final, dará tudo certo. Isso é tentar a Deus. Seu confiar em Deus precisa estar acompanhado de obediência às leis naturais. Por exemplo: você pode confiar que Deus cuidará de seu corpo e de sua saúde, mas isso não significa que você pode comer qualquer coisa ou não tomar precauções com seu organismo. Você será a única culpada por ter uma saúde ruim. Você também deve procurar o médico sempre que necessário e tomar os medicamentos receitados. Isso não significa que você não confia em Deus; a questão está em que você não confia diretamente nos médicos e nos medicamentos para trazer-lhe cura, mas deposita a confiança em Deus de que Ele vai usá-los como canal da cura que vem dele.

E isso se aplica aos mais variados aspectos da vida prática: dizer que confia no favor de Deus para conseguir um emprego e não sair de casa para procurar um é enganar a si mesma; dizer que espera em Deus para a solução dos problemas conjugais, mas não se empenhar em corrigir-se, não decidir amar seu marido e não fazer sua parte é mero discurso religioso, não confiança genuína. Tenho certeza de que você mesma se lembrará de outros exemplos, tirados de sua vida!

Confiança em Deus é a avenida para uma vida de vitória e sucesso. "Provem, e vejam como o Senhor é bom. Como é feliz o homem que nele se refugia!" (Salmos 34:8). Quando você confia nele, tudo o mais será acrescentado (Mateus 6:25-33). Toda bênção espiritual que nos leva à vida abundante vem de Deus – e Ele vai agir, vai fazer sua parte de abençoar – a sua parte, minha amiga, é confiar.

A diferença entre fé e confiança

Quero insistir ainda um pouco sobre a diferença entre estas duas atitudes. Hoje entendo que o que agrada o coração do Pai, mais do que qualquer outra coisa, é a confiança, e não somente fé. Fé é uma expressão da confiança em Deus e em sua Palavra, mas confiança vai além – é compromisso. A fé produz confiança, enquanto confiança produz compromisso e aliança. Lembra-se do exemplo da menina? O que ela ouviu do pai gerou fé, mas foi a confiança nele que serviu de base para o compromisso de jogar-se no vazio na certeza de que ele a seguraria.

Às vezes a fé pode falhar; a confiança, no entanto, é como o monte de Sião: não pode ser removida e permanece para sempre (Salmos 125:1). A confiança em Deus resulta em uma intervenção divina, como aconteceu com o rei Josafá (2Crônicas 20:15,17): "Não tenham medo nem fiquem desanimados por causa desse exército enorme. Pois a batalha não é de vocês, mas de Deus. Vocês não precisarão lutar nessa batalha. Tomem suas posições, permaneçam firmes e vejam o livramento do Senhor". Eles confiaram e Deus venceu a batalha!

A parte de Deus é lutar por nós, a nossa é descansar nele. Veja o exemplo em Êxodo 14:13-14. O povo de Israel estava encurralado: à frente havia o mar Vermelho, atrás, os egípcios. Então Moisés clamou a Deus e, em resposta, disse ao povo: "Não tenham medo, fiquem firmes e vejam o livramento que o Senhor lhes trará hoje, porque vocês nunca mais verão os egípcios que hoje vêem. O Senhor lutará por vocês; tão-somente acalmem-se". Que lição maravilhosa! E que imenso desafio à mente feminina, sempre agitada, sempre ansiosa. Mas é necessário: aprenda e se esforce para entrar no descanso de Deus em todas as áreas de sua vida (veja Hebreus 4:11). Isso faz muito bem!

O amor de Deus

O que vai conduzi-la a confiar em Deus é o conhecimento de seu amor *por você*. Um amor pessoal, intenso, incondicional, constante, profundo, real! Quanto mais você conhece esse amor, mais será atraída para a comunhão com Deus, o que produzirá intimidade, segurança e certeza de vê-lo agindo em sua vida. O inimigo de nossa alma fará de tudo a fim de fazer você duvidar disso. Portanto, é crucial que você estabeleça muito firmemente em seu coração verdades básicas, para não se desviar de crer no que Deus prometeu em sua Palavra. Tome como verdades eternas e atuais estes versículos: "Jesus é o mesmo, ontem, hoje e eternamente" (Hebreus 13:8); "De fato, eu, o Senhor, não mudo" (Malaquias 3:6); "Os céus e a terra passarão, mas as minhas palavras *jamais* passarão" (Mateus 24:35), "e sua palavra não voltará para mim vazia" (Isaías 55:11). Se você permitir que essas palavras se enraízem em seu coração, sua fé será firme e sólida, você será convencida do amor constante de Deus por você e confiará nele totalmente. Quando você estudar a Palavra de Deus, esteja aberta para ouvir e receber de Deus a *revelação* dele mesmo, pois ela lhe fará conhecer mais a Deus, e isso lhe dará poder espiritual e produzirá confiança.

Esteja atenta: quando enfrentar crises, o inimigo vai aproveitar-se delas para atacar, em primeiro lugar, a credibilidade na Palavra de Deus, nos fatos divinos; ele vai se empenhar em fazer você duvidar que Deus a ama e que você é sua filha preciosa. Depois, o Maligno vai semear dúvidas sobre seu valor próprio, sobre sua importância. Esses ataques do diabo são muito comuns. Confira com sua própria experiência: quando está em meio a dificuldades, quando as coisas não estão acontecendo do jeito que você queria, o primeiro pensamento que lhe cruza a mente não é "Deus não me ama"? Isso é um sinal de que o inimigo usa sempre as mesmas táticas. E, infelizmente, muitas mulheres caem na armadilha e se afastam de Deus por acreditar nelas.

Grave isto: o que passa pela sua cabeça é somente um sentimento, não é uma verdade. Pode parecer verdade para você naquele momento, por estar enfrentando o vale ou até como conseqüência de experiências não muito favoráveis do passado. É sua responsabilidade rejeitar a mentira, baseando-se nas verdades da Palavra de Deus, como vimos nos parágrafos anteriores. Mas cuidado: se você acredita numa mentira, ela passa a ser verdade para você e vai trazer consigo todos os prejuízos implícitos nela.

Quando as coisas não estão andando como você gostaria, procure ouvir Deus. Talvez Ele esteja dizendo-lhe: "Eu tenho outra coisa em mente. Estou mudando de direção para melhor. Sei o que estou fazendo. Não se preocupe, tudo vai acabar bem!". Nesse momento crítico não se mova pelas circunstâncias nem pelo que parece óbvio que você teria de fazer. Não permita que nada separe você do amor de Deus e da confiança nele. Se as coisas estão se desenrolando de forma bem diferente do que você planejou, lembre-se do que Deus já fez de bom no passado. Esta é uma orientação bíblica muito freqüente: trazer à memória o que pode dar esperança (Lamentações 3:21). Faça uma lista dessas coisas, um inventário das suas conquistas desde a infância, uma relação de todos os livramentos de Deus, de todas as bênçãos que Ele derramou sobre você; então, medite nisso, considere tudo o que Deus lhe fez, lembre-se dos episódios bons e positivos, exercite sua gratidão a Deus e seu contentamento com Ele.

Creia em tudo o que está escrito na Palavra de Deus, pois está escrito para *você*! "Deus não é homem para que minta, nem filho do homem para que se arrependa. Acaso ele fala e deixa de agir? Promete e deixa de cumprir?" (Números 23:19). Confiando em Deus assim, e alimentando sua confiança, você obterá vitória em sua vida.

Deus é sempre fiel!

"Sei que firme está o teu amor para sempre, e que firmaste nos céus a tua fidelidade. (...) A retidão e a justiça são os alicerces do teu trono; o amor e a fidelidade vão à tua frente" (Salmo 89:2,14). A Palavra de Deus é digna de confiança. "Esta palavra é digna de confiança: Se somos infiéis, ele permanece fiel, pois não pode negar-se a si mesmo" (2Timóteo 2:11,13). Por isso, vale a pena entregar seu caminho ao Senhor, *confiar* nele e vê-lo agir (Salmo 37:5). Confie em Deus, pois Ele é sua recompensa.

Davi disse que "alguns confiam em carros e outros em cavalos, mas nós confiamos no nome do Senhor, o nosso Deus. Eles vacilam e caem, mas nós nos erguemos e estamos firmes" (Salmo 20:7-8). Confiança em Deus nos permite permanecer em pé, não importando qual seja a situação ao nosso redor. Mas "confie no Senhor de todo o seu coração e não se apóie em seu próprio entendimento" (Provérbios 3:5). Espere com paciência Deus agir em sua vida, coloque sua confiança nele, não em você mesmo. Não é uma técnica de oração que produzirá o milagre; a manifestação divina é o resultado do amor dele por você. Por isso, busque agradar o coração do Pai em lugar de buscar apenas o que você quer.

Muitas vezes vou buscar meu esposo no aeroporto, depois de uma viagem; quando o encontro, não me aproximo dele e pergunto: "O que você trouxe de presente pra mim?". Sei que isso o ofenderia muito. Em lugar disso, procuro expressar meu amor, carinho e saudade. O mesmo se aplica a nosso relacionamento com o Pai. Ele tem o melhor reservado para você. Então, apenas o ame.

Você não é um peso para Deus, você é uma filha amada.

Há uma história sobre um montanhês que, ao completar 75 anos, ganhou de presente de um piloto um passeio aéreo para sobrevoar as terras onde havia estado toda a vida. Apreensivo a princípio, o idoso senhor finalmente aceitou o convite. Depois que retornou à terra firme, um amigo lhe perguntou:

– E então, o senhor não ficou com medo?

– Não, não cheguei a ter medo. Sabe, eu não larguei todo o meu peso no banco do avião!

Poder rir da tolice do idoso homem, mas não é desse modo que procedemos muitas vezes? Não confiamos completamente em Deus, pensando que, se não largarmos todo o peso da vida nas mãos dele poderemos cuidar dela e preservá-la.

Podemos ser comparados ao homem que se arrastava ao longo de uma estradinha carregando um pesado fardo nas costas. Um fazendeiro passou por ele de carroça e ofereceu-lhe carona. O andarilho aceitou. Depois de algum tempo, o fazendeiro observou que o homem havia pego novamente o fardo. Quando o fazendeiro insistiu para que ele o colocasse no chão da carroça, o homem respondeu: "Não creio que o pobre cavalo agüente todo esse peso sozinho".

A todo tempo sofremos a tentação de dar um jeito nas coisas. Decida, minha amiga. É o momento de confiar 100% em Deus, de aprender a descansar nele a cada dia, em vez de pedir-lhe que participe do que estamos fazendo. É momento de permitir que Ele dirija seus passos, rendida a sua vontade, aberta para ouvir sua direção, suas idéias e seus planos. Somente desse modo você encontrará descanso para sua alma e plena vitória!

Conclusão

Creio que a maioria de nós, mulheres cristãs, deseja viver uma vida vitoriosa e também agradar o coração do Pai. Creio também que o agradarmos é fundamental e necessário para nosso crescimento em todas as áreas. E como mencionei várias vezes neste livro, confiar em Deus é o que mais lhe agrada, é o que mais conquista seu coração.

Na vida atravessamos momentos em que somos tentadas a desconfiar de Deus, a duvidar de seu amor. Quando isso acontece, precisamos nos apegar com mais firmeza às verdades de sua Palavra, permitindo que Deus fale conosco por meio dela.

Certa vez eu li algo muito lindo na Escritura, que fez imensa diferença em minha vida: "Ouça meu conselho, princesa. Não fique remoendo lembranças de seu país e de seus pais. O rei, seu marido, está apaixonado pela sua beleza. Dê a ele atenção e respeito, porque agora ele é o seu senhor" (Salmo 45:10-11 – Bíblia Viva). Esses versículos me ajudaram em meu relacionamento com Deus e também a entender a história de muitas mulheres.

Vejo muitas delas vivendo muito tempo no passado, remoendo as lembranças ruins, os abusos sofridos, as pessoas que tiveram influência negativa em sua vida, lembrando mais dos fracassos e das decepções do que das coisas boas e alegres que vivenciaram e das conquistas que alcançaram. Assim, é impossível para elas viver o presente e desfrutar dele. E várias vezes fui tentada a agir desse modo também. Mas orando experimentei Deus falando ao meu ouvido: "Você é minha princesa!", "Você é minha filha!". Ele queria me dizer que eu não precisava andar desse modo, amarrada ao passado.

Esse texto é lindo porque retrata o coração do Pai. Ele está ciente de tudo o que você sofreu no seu país de origem, o mundo (representado na Bíblia pelo Egito). Mas seu rei, seu marido, Jesus – "Pois o seu Criador é o seu marido, o Senhor dos Exércitos é o seu nome" (Isaías 54:5) –, está apaixonado por sua beleza. Você pode pensar (e até mesmo sentir) que ninguém se importa com você, porém eu lhe digo que isso é mentira – Deus, o seu Criador, a ama, cuida de você e está a seu lado. Ele não quer ver você sofrendo com as lembranças dos sofrimentos que já passaram; o apelo dele é: "Dê atenção, respeito e honra a mim, não ao passado, não às desventuras. Aquilo já passou! Agora, confie em mim, permita que eu seja, de fato, Deus em sua vida". Não é lindo isso?

A maior necessidade de toda mulher é sentir segurança, é saber que existe alguém que pode atender suas necessidades e protegê-la. No entanto, muitas permanecem esperando encontrar alguém assim... Conheço várias que já desistiram de esperar: quando viram a triste realidade, em que o pai ou o marido não desempenham seu papel como deveriam, elas foram à luta, foram providenciar seu próprio sustento. Elas podem até ter conquistado muito quanto a bens materiais ou conquistas pessoais, mas no fundo ainda se sentem abandonadas e sozinhas.

Quando vi que minha necessidade de proteção, de sustento e de segurança era grande demais para um ser humano suprir, conversei com Deus a respeito. Abri meu coração e lhe disse: "Pai, minha necessidade está aí, bem visível. O Senhor a conhece. Eu preciso de ajuda! Eu quero conhecê-lo intimamente como Deus, como Pai e como supridor das minhas necessidades! Eu preciso vê-lo agir na minha vida". Então, como contei a você no início do livro, comecei a ser inquietada com a questão da confiança. Passei a estudar o assunto, e identifiquei que ela é o segredo para fazer de mim – e de você! – uma mulher vencedora, plena, realizada. A fórmula é bem simples e prática: "Eu confio e Ele supre". Só isso! Ele supre todas as minhas necessidades, segundo sua riqueza em glória (Filipenses 4:19). Antes, eu pensava que isso se referisse somente às questões financeiras, mas descobri que não: não importa qual seja a necessidade, Ele é capaz de me suprir. Isso não é maravilhoso? Como não confiar nele? E Deus fica extremamente feliz quando manifesto que confio nele totalmente. Assim, Ele satisfaz os desejos do meu coração, pois eu estou satisfazendo o dele. Este é o segredo da vitória e da felicidade!

"*Confie* no SENHOR e faça o bem;
assim você habitará na terra e desfrutará *segurança.*
Deleite-se no SENHOR,
e Ele atenderá aos desejos do seu coração.
Entregue o seu caminho ao SENHOR,
confie nele, e Ele agirá:
Ele deixará claro como a alvorada que você é justo,
e como o sol do meio-dia que você é inocente.
Descanse no SENHOR
e aguarde por Ele com paciência;

não se aborreça com o sucesso dos outros
nem com aqueles que maquinam o mal."
– Salmo 37:3-7

As orientações desse salmo são muito claras, e, graças a Deus, eu as aprendi. Elas são a chave para você ser a mulher que Deus deseja: vitoriosa, confiante, segura, madura e livre! Busque viver o que esse salmo ensina e você desfrutará da paz e da tranqüilidade tão almejadas, apesar das circunstâncias. Isso é a verdadeira vitória. E nós só a encontramos confiando em Deus!